BIBLIOTHECA
SCRIPTORVM GRAECORVM ET ROMANORVM
TEVBNERIANA

BT 2046

CONSTANTINUS RHODIUS

ECPHRASIS ECCLESIAE SANCTORUM APOSTOLORUM

CARMINA SCOPTICA

APPENDICES

THEODORUS PAPHLAGO

CARMINA SCOPTICA

EDIDERUNT

CLAUDIO DE STEFANI
GIOACCHINO STRANO

DE GRUYTER

ISBN 978-3-11-074215-2
e-ISBN (PDF) 978-3-11-074246-6
ISSN 1864-399X

Library of Congress Control Number: 2023943695

Bibliographic information published by the Deutsche Nationalbibliothek
The Deutsche Nationalbibliothek lists this publication in the Deutsche Nationalbibliografie; detailed bibliographic data are available on the Internet at http://dnb.dnb.de.

Printing: CPI books GmbH, Leck

www.degruyter.com

HOC VOLVMINE CONTINENTVR

PRAEFATIO

I. DE CONSTANTINI RHODII VITA

Quamquam diem nativitatis et obitus Constantini prorsus nescimus, eius vita nobis satis nota est. Erat Lindius, Ioannis cuiusdam et Eudociae filius (AP XV 15.1 = App. IV.1)[1]; pluries poeta, origine Rhodiensi videlicet superbus, Rhodon suam memorat. Natus anno fere 885, post 950 verisimiliter mortuus est, quod duobus e causis colligi potest. Primum, anno 911 Constantinus muneribus secretarii eunuchi Samonas, ministri Leonis VI (886–912) fungebatur, qua re eum illo tempore ἐγκυκλίῳ παιδείᾳ satis imbutum esse hoc est vigesimum / quintum et vigesimum annum ingressum esse coniectari potest. Quod autem ad eius mortis diem attinet, aliud testimonium, quod hucusque neglectum esse videtur, adhiberi potest: Alan Cameron anno 1993 pulchre demonstravit Constantinum eundem esse atque scribam J codicis Anthologiae Palatinae, Heid. Pal. Gr. 23 + Par. Gr. suppl. 384 (= P), eum scilicet, qui aliquas partes codicis exaravit totumque manuscriptum emendavit[2]. At P inter 955–960 et 965–970 exaratum esse nunc constat[3]; quapropter Constantinus *post* 950 mortuus esse videtur, hoc est postquam codicis P corrigendi munere perfunctus erat et inscriptionem illam columnae Constantini VII, quae in spina Hippodromi sita erat[4], composuerat, sicut artium historicus Oskar Wulff olim opinatus est[5]. Sed ad iuvenem

1 De vita Constantini, vide in primis PMBZ s.v. Konstantinos Rhodios (quae vox iis, quae de librario J deque discipulatu eius apud "Novam Ecclesiam" a viro doctissimo Cameron disputata sunt, augenda est). Primus quidem, qui de Constantini vitae temporibus diligenter scripsit, Wolters 1883, 118–119, fuit.

2 Cameron 1993. Contra disputaverunt Orsini 2000 et (hic quidem caute) D'Ambrosi 2011.

3 Agati 1984, 59. Etiam PMBZ s.v. Konstantinos Rhodios, de tempore, quo P confectum sit, breviter agit, at doctissimae mulieris Agati iudicium non nosse videtur.

4 Appendix III.

5 Wulff 1898 321sq. (et Berger 2004, 242). Postremus atque optime meritus editor Rhoby 2014, 612, hanc inscriptionem Constantino Rhodio eo denegat, quod filii imperatoris Constantini VII, hoc est Romani, qui id temporis una cum patre regnabat, mentionem facit. Rhoby autem quonam decennio saeculi X revera P confectus sit, rationem non habet, atque putat Rhodium diem

Constantinum redeamus. Gregorii Magistri et Constantini Cephalae in "Novae Ecclesiae" schola[6] auditor fuisse videtur, ut aliquot notae codicis P demonstrant[7]. Cum Leo Choerosphactes (fere 850–913) Leonis VI temporibus decidisset (anno scilicet 907), eum Constantinus carmine scoptico acerbe conviciatus est, nec aliter fecit Arethas; utrumque opus, Constantini scilicet carmen et Arethae oratio, eo tempore compositum est, cum Leo Constantinopoli discessisset omnesque eum iniuriis lacessissent[8]. Postea anno 927 Constantinus, muneribus fun-

supremum obisse, ante quam Romanus II cum patre imperator factus esset (anno scilicet 945). Romanus tunc octavum annum agebat, quum anno 938 natus esset: at iam tum rhetorica quadam hyperbole δόξα τῆς σκηπτουχίας (v. 3) appellari poterat.

6 A Basilio I anno 880 condita.

7 Cameron 1993, 110.

8 Constantinus, praeter alia convicia, quibus Leonem insectatus est, eum paganum fuisse insimulavit: hoc quidem etiam apud gravissimum in Choerosphacten libellum, quem Arethas confecit, invenitur (cf. Mercati 1970, 288–289). Heic vero quaestio breviter pertractanda est, quae duobus poematis, quae a Matranga (II, 555–559) in lucem emissa, denuo a Spadaro 1971, 198–205 edita sunt, arte conexa est. Etenim Glanvillus Downey 1955, 214, n. 9 (prius vero Lipšic 1949, 136–137) Constantino Rhodio haec duo quoque carmina tribuit: quorum unum distichis elegiacis confectum Leonem quendam lacessit, alterum vero prioris poematis palinodia est versibus dodecasyllabis. Ii demum philologi, quos memoravimus, Leonem eundem atque Choerosphacten fuisse disputaverunt; eum autem, qui Leonem insectatur, Constantinum Rhodium fuisse putaverunt. Testis autem manuscriptus, hoc est Vat. Gr. 915, f. 228v, prius carmen Constantino cuidam discipulo Leonis (εἰς Λέοντα φιλόσοφον Κωνσταντίνου μαθητοῦ αὐτοῦ), palinodiam autem Leoni Philosopho (Ἀπολογία Λέοντος φιλοσόφου) tribuit: quem errorem Joannes Bagnell Bury atque Mercati sustulerunt, atque hodie alterum quoque carmen a Constantino quodam confectum esse inter omnes constat. Haec vero carmina admodum docta sunt: palinodia enim Theocritum imitatur, eiusque memoriam cum Callimachi Aetiis quodammodo miscet (v. 1: cf. Theocr. 16.9 et Aet. fr. 1.1 Harder = Mass.); animadvertas etiam epigramma, quod palinodiam subsequitur, Callimachum imitari videri, sicut olim Paulus Maas optime viderat (Maas 1921, 302); versus nonnumquam Lycophronem resonant, quod autem in Byzantino poeta mirum non est. Nunc vero, quum auctor poematum se discipulum Leonis fuisse profiteatur, quem iam mortuum esse e versibus constat, patet ea non a Constantino Rhodio, neque contra Leonem Magistrum composita esse (Lemerle 1971, 174 n. 102): ceterum titulus, qui a codice Vaticano traditus est, Leonis Philosophi mentionem facit: hunc vero Leonem eundem fuisse ac Leonem Mathematicum par est. At quis fuit iste Constantinus?

gens βασιλικοῦ κληρικοῦ, legationi interfuit, quae Mesembriam Bulgarorum missa est. Nescimus infeliciter quando poeta noster cum Theodoro Paphlagone eunucho poetice velitatus sit: genus quidem dicendi unius e poematis eius simillimum est ei, quod in Choerosphacten composuit: utrum vero hoc an illud prius compositum sit, dici nequit[9]. Denique, carmen de Ss. Apostolis, qua specie nobis traditum est, inter 931 et 944 compositum est, sicut Theodor Reinach iam bene viderat – sed de hoc infra dicemus. Haec demum postrema Constantini opera sunt: inscriptio columnae Constantini VII – si eam vere Noster composuit – et notulae in oris codicis P Anthologiae Palatinae.

II. DE CONSTANTINI RHODII CARMINUM CODICIBUS

1. Carmen de Ss. Apostolis

Testis unus e XV saeculo, bombycinus, carmen de Ss. Apostolis tradidit. Hic codex in clarissima bibliotheca Μεγίστης Λαύρας apud montem Athos asservatur: Athos Lavra 1661 (Λ 170), cm. 26 × 20, foliorum 164[10]. Carmen binis columnis, lineis 31 in singulis columnis, ff. 139r–147v ab uno librario (= A), qui interdum textum rasura vel supra lineam correxit, exaratum est. Postquam editiones principes huius carminis editae fuerant (Begleri et Legrand, 1896), folium quod initium carminis continebat (139r–v) deperditum est atque recentiore folio, in quo versus 1–24 ex editione viri doctissimi Begleri descripti sunt, substitutum (= A²). Inveniuntur praeterea notulae, pristini fortasse pos-

Constantinus quidem Siculus fuisse dici solet, qui anacreonticum carmen atque AP XV 13 composuit; doctissima autem mulier Spadaro, eundem ac Constantinum-Cyrillum, apostolum illum Slavorum, haud iniuria fuisse contendit: eum enim et discipulum et mox eiusdem Leonis in cathedra Magnaurae successorem fuisse ne obliviscaris. At quum Constantinus usitatissimum nomen sit – non secus ac Leo! – auctor horum poematum quis fuerit, certo dici nequit. Est denique altera quaestio, eaque subtilis: sunt enim quaedam inter alterum "Constantini" poema atque Scoptica Constantini Rhodii communia (vd. ad Scopt. 5.18, 6.1). Qui hoc explicari possit? Rhodium haec poemata novisse probabile videtur.

9 Vide tamen n. 88.

10 Spyridon-Eustratiades 1925, 293 (cf. etiam Eustratiades 1930, 25).

sessoris, qui carmen Constantinopoli legebat: quum autem verba nonnulla Turcico sermone exarata sint, dubitari nequit, quin hae notae post Constantinopolim expugnatam ab homine Graeco Turcici sermonis gnaro exaratae sint[11]. Praeter Constantini carmen, haec fere codice continentur: nonnullae orationes Gregorii Nysseni, aliquot carmina Gregorii Nazianzeni (De vita sua carmen iambicum, tetrasticha carminis I 2, 33 cum commentario Nicetae Davidis) et opera aliquot grammatices versibus a Mercurio Grammatico composita, quorum hic codex testis unus exstat[12].

2. Versus scoptici

Huius etiam operis testis unus exstat, Urb. Gr. 95 (= U), bombycinus, cm 22 × 15, pluribus manibus saeculorum XIV–XV exaratus. Constat e duobus libris, quorum unus folia 1–151 complectitur, alter folia 152–333. Antiquioris partis codicis, quae saeculo XIV exarata est, materia haec fere est: excerpta ex Xenophonte[13], Diogene Laertio[14], Aeliano, Zonara, Theognide[15], Luciano, nec non et Nicetae Choniatae Historiarum epitome. Sequitur pars recentior, saeculo XV exarata (239r–333v)[16], qua opuscula quaedam liturgica nec non et poemata auctorum antiquiorum continentur[17]. Constantini Rhodii et Theodori Paphlagonis versiculi antiquiore parte habentur, ff. 180v–182r[18]; versus exarati sunt binis columnis, lineis 30–34 in singulis columnis[19]; horum foliorum

11 Invenitur enim in notis ad v. 76 et 191 hoc nomen: Τικὶλ Τάσι, id est, ut quidem videtur, Dikilitaşı "stans lapis" (cum suffixo possessionis); cf. von Hammer, 1822, 215, ubi Constantini columna «Dikilitasch» dicitur. Hodie vero nomine "dikilitaş" obeliscus Theodosii designatur, qui in platea, quae Sultanahmet appellatur, erectus est.

12 Antonopoulou 2017, LXI–LXIV (ead. iam 2009).

13 Cuius familiae quae F nuncupatur gravis testis est (cf. Cirignano 1993, praesertim pp. 198–201).

14 Dorandi 2009, 7.

15 Cf. Condello 2018–2019, 1 n. 1.

16 Folia 236–238 vacua sunt.

17 Huius partis multa folia a Ἰωάννης Εὐγενικός exarata sunt: cf. praesertim De Gregorio 2000, 325.

18 Cf. Stornajolo 1895, 139–147.

19 Composita priorum duorum carminum lineis subiectis instructa sunt.

scriptura saeculo XIV plane tribuenda est[20]. Versus nonnumquam atramento paulo obscuriore correcti sunt (verbi gratia 6.3 παντεφθαρμένε: -ως U^p.c.; 6.6 ἐκβιάζει U: ἐκβιάζῃ U^s.l.). Quae correctiones ab eodem librario, qui totum textum exaravit, certe factae sunt, easque in apparatu critico memoravimus: non sunt semper quidem rectae[21]; confer sis 6.6 quod iam laudavimus, ubi 5.20 ὄψει lectionem ante correctionem plane fulcit.

Romae in insigni bibliotheca Vallicelliana tres codices servantur, qui olim bibliothecae Leonis Allacci (1586–1669) fuerunt: Allacci XCIV 56.–57. (= 184 Martini), Allacci CXXX.2. (= 206 Martini) et Allacci CXXXI (= 207 Martini). His in codicibus versus quoque scoptici Constantini et Theodori habentur[22]. Horum primus (184 M.) aperte ab ipso Allacci scriptura cursiva et litteris minutis scriptus est, et pro primo apographo codicis Urbinatis U certe habendus; notas praeterea non continet. Pars maior emendationum Leonis Allacci, quas in editione nostra probavimus, in hoc exemplari iam continetur: patet enim virum doctissimum in describendo codice U locos plerosque carminum emendavisse. Allacci nempe haud raro emendationes occupavit, quae nobis quoque, priusquam bibliothecam Vallicellianam adivimus, in mentem venerant: sunt autem plerumque itacismi, qui virum doctissimum Matranga fefellerunt. Ceteri duo codices, Allacci^2 (206 M.) et Allacci^3 (207 M.), sunt recentiora quaedam apographa (codicisne 184 M.?), quae minus festinanti calamo quam 184 M. exarata sunt: insunt praeterea emendationes novae, quae tamen semper fere falsae sunt – δεύτεραι φροντίδες nonnumquam parum iuvant! Est autem Allacci^2 fasciculus (ff. 8–14) qui in libello continetur. In oris foliorum nonnullae emendationes inveniuntur, quibus siglum ἄλ (= ἄλλο, ut videtur) praemissum est: vix hae annotationes pro variis alius codicis lectionibus habendae sunt, immo potius falsae coniecturae censendae. Habitus scripturae heic paululum differt, at addubitari nequit, quin ipse Allacci hunc quoque fasciculum exaraverit[23]. Allacci^3 plane manu Leonis Allac-

20 De codicis habitu scribendi, cf. etiam Canart 1963, 76 (= 21).

21 Nonnumquam vero rectae sunt: 13.27.

22 Martini 1902, 216 et 223–224.

23 Exempli gratia, «λλ» ab Allacci semper eadem scriptura, hoc est duobus litteris «lambda» invicem consertis, exaratur.

ci exaratus est[24]; ff. 164r–167r Scoptica continent, omnibus fere emendationibus, quae in oris codicis Allacci^{2} habentur, in textum versuum insertis: recentissimum ergo apographum hic codex putandus est. Cum autem Allacci^{3} aliquot emendationes, quae codice Allacci^{2} continentur, non exhibeat, fieri potest, ut vir doctissimus textum codicis Allacci^{2}, postquam Allacci^{3} iam descriptus fuerat, pertractare non desierit, nisi eas in codice recentiore describendo per errorem omiserit. Omnes vero has parum felices coniecturas, quae in codicibus Allacci$^{2-3}$ tantum inveniuntur, in appendice retulimus. Cum igitur nomen Allacci in apparatu critico scriptum legis, de Allacci XCIV 56.–57. (184 M.) agitur: subintellege autem etiam Allacci$^{2-3}$, quia et recentiora apographa has emendationes plerumque exhibent. Non est autem quod mireris si, sicut iam diximus, textus versuum a Leone Allacci descriptorum ex U pendet: asservabatur enim Urbinas iam id temporis (ab anno nimirum 1657) apud clarissimam Bibliothecam Apostolicam Vaticanam, quum vir doctissimus custodis bibliothecae fungeretur officiis. Constantini autem carmina scoptica Allacci studiose perlegit, siquidem ille – sicut nuper Fridericus Condello et Maximus Magnani dilucide demonstraverunt – duo spurcidica poemata iambico metro composuit, quae sub nomine Archilochi nobis tradita sunt (fr. °°327 et °°328 W.^{2}) quaeque adhuc paulo antea pro serae vel Byzantinae aetatis poematis habebantur: quae si legas, facile tibi etiam carmina Constantini in mentem veniant[25]. Si denique immensum Leonis Allacci manuscriptorum legatum, quod apud Bibliothecam Vallicellianam asservatur, carptim saltem lectitaveris, eum animadvertes in Pisidae, Ignatii Diaconi et ceterorum Byzantinorum versibus describendis plurimum desudavisse: fuit enim Chius homo postremus poeta Byzantinus vel, si mavis, primus litterarum Byzantinarum cultor.

24 Vide tabulas perutiles quas Condello-Magnani 2019, 105 lectoribus praebent; littera praesertim «rho» et in tabulis et in codice CXXXI eadem forma scripta est.

25 Condello-Magnani 2019.

III. DE CONSTANTINI RHODII CARMINUM EDITIONIBUS

Ecphrasis ecclesiae Ss. Apostolorum eodem tempore anno 1896 ab Aemilio Legrand in commentario periodico qui «Revue des études grecques» inscribitur atque Odessae a Georgio (Georgij) Pavlovic Begleri edita est. Hoc est autem cur Constantini carmen eodem anno (immo isdem ferme mensibus) duobus locis comparuerit: monachus Lavrae, Alexandros Evmorfopoulos[26], mense Iulio anni 1893 misit Constantinopolim ad societatem, quae nuncupabatur Μεσαιωνικὴ ἑταιρεία, et subinde mense Martio anni 1894 Francogalliam ad societatem, quae inscribebatur «Association pour l'encouragement des études grecques», litteras, quibus hortabatur ut sodales societatis carmen in lucem ederent, una cum apographo codicis Athonitae suapte manu descripto. ἑταιρεία tum viro doctissimo Begleri, qui tunc temporis praeses societatis erat, ut carmen ederet mandavit, Francogallica autem societas v.d. Legrand adiit. Unus vero Legrand imagines lucis ope expressas contulit, postquam eas rursus monachum poposcit; Begleri autem apographo tantum, ut quidem videtur, usus est[27], atque carmen suo sumptu paucis adnotationibus et notis Ruthenice additis edidit[28].

Hae autem editiones altera alteri quodammodo complemento sunt, quum pluries viri doctissimi eandem emendationem protulerint, interdum vero alius alium nodum soluerit[29]. hoc autem praesertim vitio laborant, quod et Legrand et Begleri haud raro textum tacite correxerunt – Begleri praeterea saepenumero iis correctionibus peccavit, quae Theodisce «Verschlimmbesserungen» nuncupantur[30]. Aemilii Legrand editio una cum commentario, qui ad archaeologiam sive artium historiam spectat, in lucem prodiit, quem Theodorus Reinach confecit. Ceterum hoc nobis non praetermittendum videtur, nonnullas coniec-

26 Qui v.d. Krumbacher adiuvando optime meruit, cf. Maas 1906, 30 = 318.

27 Begleri 1896, 1.

28 Loquitur quidem Begleri 1896, 2 de codicis scriptura deque operibus, qui in hoc codice continentur: at codicem ipsum non inspexisse videtur.

29 Quantum Legrand et Begleri in textu constituendo inter se differrent, docuit Paranikas 1897. Emendatio pulcherrima nobis ὁδὸν esse videtur (v. 212: Legrand).

30 Quamquam in fine praefationis aperte dicit, se in locis obscurioribus a coniecturis abstinuisse.

turas, quae in editione Aemilii Legrand tacite in textum receptae sunt, acumini Theodori Reinach, qui totum carmen una cum magno illo Henrico Weil legit, deberi[31]. Alii quoque philologi ad textum carminis emendandum atque elucidandum operam dedere, quorum nomina in apparatu critico invenies: ex quibus de Augusto Heisenberg potissimum mentio facienda, qui in Mesaritae editione principe, anno 1908 edita, difficillima quaeque loca Constantini carminis admirabili quodam ingenio emendavit et explanavit. Anno autem 2012 Ioannes Vassis carmen cum Anglica versione et notis nonnullis, addito insuper a doctissima muliere Elisabetha James commentario, qui ad artium historiam plerumque spectat, denuo edidit: Graecus philologus prioribus editionibus et codice Athonita denuo collato optime usus ad textum emendandum multa feliciter contulit[32]. Anglica denique versio viri doctissimi Glanvilli Downey, quae appendicis instar ad magnum librum de Ss. Apostolorum ecclesia anno 2020 a Margareta Mullett et Roberto Ousterhout edita est, aliquot notis, quae nonnullas coniecturas exhibent, instructa est.

Versuum scopticorum Constantini usque adhuc una editio praesto erat lectoribus in Anecdotis Graecis viri doctissimi Siculi (Plana Albanensium orti) presbyteri Petri Matranga[33]. Haec vero nihil aliud est quam descriptio textus codicis U, eaque mediocris; versus enim scatent erroribus[34], adeo ut etiam trivialissima quaeque codicis menda, quae sine ullo labore corrigenda erant[35], eum fefellerunt. Utinam iste apographa Leonis Allacci novisset: editio eius certe melior evasisset.

31 Legrand 1896, 67 n. 1. In Aemilii Legrand editione – non secus ac in Begleriana – deest quidem apparatus criticus, omnesque emendationes sine nomine eius, qui eas proposuit, impressae sunt.

32 Optimae emendationes haec nobis esse videntur: καρδίᾳ (9), λόφου (114), κρουματίζω (298), σύμπηξιν (389). Primas autem huic coniecturae libenter deferimus: ἔμπορος (331).

33 Matranga, 624–632.

34 Codicem enim neglegenter descripsit in Scopt. 1, 32 ἔπειρας; 2, 17 -οστρεκτενο-; 6, 13 ἀφθόνος. Haud felicior fuit Matranga in Constantino Siculo edendo: cf. Spadaro 1971, 193–195.

35 8, 4 πέφυνας.

IV. DE CARMINIS DE SS. APOSTOLIS COMPOSITIONE TEMPORIBUSQUE

Ecphrasis Ss. Apostolorum et Constantinopolitanorum mirabilium singulari quadam compositione orta esse videtur. Primum quidem Paulus Speck, post eum Marcus Lauxtermann texturam carminis diligentissime inspexerunt: ab iisdem igitur potissimum proficiscendum est. In primis quaestio de ordine temporum perpendenda. Rhodius enim initio carminis, post acrostichon, quo nomen suum significat et quod vice prologi fungitur, de quattuor imperatoribus, totidem luminibus comparatis, mentionem facit (Ss. App. 23). Hocce Theodorus Reinach tunc tantum, quum Constantinus VII una cum Romano Lecapeno eiusque duobus filiis Stephano et Constantino, postquam primogenitus eius Cristophorus demortuus esset, regnaret, annis scilicet 931–944, tum demum fieri posse contenderat[36]. Hoc erit itaque spatium temporis, quo ea Constantini carminis redactio, quae ad nos pervenit, facta esse videtur.

Atqui carmen uno Constantino dicatum est, quem poeta iterum atque iterum filium Leonis VI appellat, eumque patri et vultu et virtutibus similem esse dicit[37]. Quae quidem verba potius cum initio regni Constantini, quum memoria patris eius adhuc vigeret, quam cum quattuor imperatorum temporibus congruere recte autumat Lauxtermann[38]. Hic itaque putat carmen primo annis 913–919 compositum esse, quum Constantinus VII adhuc solus regnaret. Is autem, quum natus esset anno 905, illo tempore puer adhuc erat, parumque probabile videtur eum adhortatum esse poetam ut carmen ad Constantinopolim concelebrandam conderet (Ss. App. 8–9; 277; 301; 387)[39].

36 Legrand 1896, 67.

37 Versibus 415–419 adiectivus σοφός pluries iteratur, atque ad Constantinum eiusque patrem Leonem (qui σοφός appellabatur) 418–419 ita refertur, ut similitudo eorum clarius pateat.

38 Lauxtermann 2013, 299.

39 Quamquam – agnoscimus quidem – haec verba rhetoricam hyperbolen sapiunt: Constantinus sane a poeta sapientissimus atque artium litterarumque patronus, multo prius quam aetatem iam constantem ingrederetur, perhiberi potuit. Si demum, ut Bernard 2020, 150–151 disputavit, Rhodius numquam revera iussus est, ut carmen conderet, sed imperatorem suis versibus donavit, temporis spatium annorum 913–9 haud absurdum esse videatur.

Illud itaque fortasse probabilius videtur, primam redactionem operis a primis annis regni Romani Lecapeni repeti, qua aetate Constantinus iam adulescens erat atque litteris incumbebat[40]; hoc est, priusquam Romanus ad regni successionem liberis conservandam properaret. Constantinum id temporis sese legitimum atque unum imperatorem ostendere verisimile videtur, omnesque erga eum poetae assentationes ob eam rerum condicionem intelligendae sunt. Quamobrem adfirmare licet, primam redactionem carminis circa annos 922–925 confectam esse; eam autem, quae nobis praesto est, certe ab annis 931–944, sicut iam diximus, repetendam esse (cf. vv. 22–26).

Altera vero quaestio eaque gravior ad pristinam carminis formam pertinet. Etenim nonnulla in eo semel iterumque repetita inveniuntur, veluti exempli gratia mentio Iustiniani columnae, quae bis describitur. Quas ob iterationes coniectari potest, redactionem, quae nobis tradita est, duobus in unum conflatis e poematis constare, quam poeta resecando et immutando idcirco confecerit, ut carmen unum in aula Constantinopolitana coram imperatoribus recitaret. Quae coniectura aliis quoque argumentis fulcitur: Legrand-Reinach enim et Begleri aliquot versus carminis Constantini apud Cedreni Chronicam, prosaico sermone passim admixtos, sine nomine auctoris inveniri animadverterunt. Haec igitur insunt Cedreno: a) versus nonnulli, qui etiam codice Athonita traditi sunt; b) alii versus, qui ab hoc codice absunt. Versus ordinis a) praeterea nonnumquam varias lectiones exhibent, quae ipsi Constantino deberi videntur. Ecce igitur quae e Cedreno erui possunt:

1) Aliquot versus carminis Athonita quoque traditi, quos in apparatu fontium protulimus (cf. ad vv. 71–74; 75–76; 125–135; 139–143; 156–162; 190–194; 196–198; 202–209; 211–213; 219–221; 237–238; 243–244). Patet eos omnes prioris partis poematis esse, eius scilicet, quae de mirabilibus urbis Constantinopolitanae agit.
2) Aliquot versus qui mirabilia mundi concelebrant, quique ab Alberto Berger Constantino Rhodio rectissime tributi sunt. Hi autem

40 De Constantini studiis ante Romani Lecapeni lapsum, cf. Lemerle 1971, 268–269.

versus in recensione Athonita desunt, ab iisque carmen de mirabilibus initium fecisse probabile videtur [Appendix I][41].

3) Loca nonnulla Chronicae quae de Lausi palatio et foro Amastriano agunt, in quibus non obscura metricae compositionis vestigia deprehenduntur quaeque in redactione Athonita aeque desunt (Appendix II)[42].

Cedrenum versus 1) in carmine ecphrastico Constantini invenisse et in Chronicam inseruisse manifestum est: ii autem, qui in carmine desunt, scilicet 2–3), unde sunt? Iam Theodorus Preger Cedreno ampliorem quandam redactionem carminis, quam eam, quae nobis codice Athonita tradita est, praesto fuisse putabat[43]. Anno porro 1991 Paulus Speck eos versus, qui apud Cedrenum tantum inveniuntur, e poemate quodam deperdito de mirabilibus Constantinopolitanis sumptos esse callide existimavit; quod poema omnino aliud esse ac ecphrasin ecclesiae Ss. Apostolorum, quam ut Rhodius componeret Constantinum VII exhortatum esse; textum denique carminis, qualem hodie habeamus, editorem quendam post obitum Constantini Rhodii effecisse, conflatis videlicet ambobus poematis atque aliquot inde versibus omissis, veluti iis, qui in Cedreno uno exstent[44]. Anno autem 2013 Marcus Lauxtermann longe verisimilius ad hanc difficultatem solvendam excogitavit Rhodium ipsum haec duo poemata, descriptionem scilicet mirabilium urbis et ecphrasin ecclesiae Ss. Apostolorum, in unum conflavisse, quum quattuor imperatorum temporibus in regiam carmen suum reci-

41 Quibus versibus exordium carminis de mirabilibus fieri verisimile videtur. Si eos enim legas, continuo Pauli Silentiarii versus in mentem veniunt, in quibus priora mirabilia eo consilio afferuntur, ut ecclesiae S. Sophiae opponantur (S. Soph. 150–154).

42 Preger 1897, 167; Mango 1992, 92; Lauxtermann 2013, 302. Preger, ibid., animadvertit Cedrenum in catalogo statuarum, quae in foro habebantur, in Constantino plus aliquid quam nos legisse, quum in eius verbis vestigia versuum nonnumquam deprehendantur.

43 Preger 1897, 168.

44 Speck 1991, 265–266 versus 22–26 pro interpolatis – non tamen ab ipso editore – habebat: ita autem Rhodium quattuor imperatorum temporibus iam mortuum fecit: hoc autem, ut iam vidimus, impossibile est. Opinionem itaque viri doctissimi Lauxtermann amplectamur, qui Rhodium non solum auctorem carminis, sed etiam eius redactionis, quae ad nos pervenit, editorem fuisse putat.

taturus advocatus esset[45]. Traditum igitur carmen e coniunctione duorum poematum ortum esse, quorum primum, quod de Constantinopolitanis mirabilibus agat, nunc versibus tantum 19–254 constare, alterum vero, ecphrasin scilicet ecclesiae Ss. Apostolorum, longiore ambitu fluentem, plus quam 700 versus complecti, quamvis et hoc, quum exitu careat, mutilum esse videatur.

Sed etiam vestigia nonnulla serioris redactionis exstant, cuius rei vir doctissimus Lauxtermann iterum explicationem valde probandam attulit. Versuum enim de Constantini Magni columna aliam redactionem eamque seriorem Cedrenus legisse videtur. At versus ipsos legamus! Sic enim locus de columna, in qua vetus inscriptio insculpta erat, codice Athonita traditur:

σύ, Χριστέ, κόσμου βασιλεὺς καὶ δεσπότης·
σοὶ προστίθημι τήνδε τὴν δούλην πόλιν
καὶ σκῆπτρα τῆσδε καὶ τὸ πᾶν Ῥώμης κράτος·
φύλαττε ταύτην, σῷζε δ' ἐκ πάσης βλάβης (Ss. App. 71–74).

Heic vero Cedrenus, apud quem quoque hi versus leguntur, duo varias lectiones, easque haud spernendas, exhibet: nam primo versu rerum scriptor κοίρανος legebat, altero autem σοὶ νῦν προσῆξα: hocce vero alteram redactionem sapere non infitias ibis. Utra autem redactio prior habenda? Et quaenam ratio inter hos Constantini Rhodii versus et Constantini Magni inscriptionem, si umquam exstiterit, intercedit? Preger quidem anno 1897 Constantinum Rhodium veram inscriptionem expressisse negavit[46], nuperque Rhoby recte contendit, hos versus Byzantinae aetatis potius quam serae antiquitatis speciem prae se ferre, quum de dodecasyllabis nullo pede soluto compositis agatur[47]. Nunc vero, sicut Lauxtermann inter alios animadvertit, in anonymi cuiusdam vita Constantini, saeculo IX confecta, haec leguntur: σοὶ Χριστὲ ὁ θεὸς παρατίθημι τὴν πόλιν ταύτην, quae verba in columna insculpta fuisse

45 Lauxtermann 2013, 300.

46 Preger 1897, 167. Contra, Preger 1891, 84–85 (inscriptio nr. 101), quum Constantinum Rhodium iam non novisset, sed ei solus Cedrenus praesto esset, rerum scriptorem veram inscriptionem laudavisse putaverat, atque eius versus saeculo IV tribuerat.

47 Rhoby 2014, 617.

anonymus dicit[48]; παρατίθημι «tibi (velut super ferculum gestans) offero» musivum illud opus S. Sophiae, in quo Constantinus urbem Deo offert, in mentem legentium continuo revocat; Rhodium igitur verba, quae versum 2 efficiunt, ab anonymo deprompsisse, reliquos autem ipsum concinnasse facile colligas[49]. At si versu 2 ita παρατίθημι reponatur, ut dactylus primo pede efficiatur, et pro βασιλεὺς primo versu κοίρανος legatur, poematium vitii expers obtineas:

σύ, Χριστέ, κόσμου κοίρανος καὶ δεσπότης·
σοὶ παρατίθημι τήνδε τὴν δούλην πόλιν
καὶ σκῆπτρα τῆσδε καὶ τὸ πᾶν Ῥώμης κράτος·
φύλαττε ταύτην, σῷζε δ' ἐκ πάσης βλάβης.

totum epigramma antiquitatis gratiam quandam redolet, et hi versus vere ab antiquo poeta procedere videri possint. Atqui haec omnia parum verisimilia esse videntur. Estne enim credibile tam claro monumento, incipiente adhuc sera antiquitate confecto, tam modicum epigramma quattuor versiculis iambicis constans insculptum fuisse? Commemorare sufficiat inscriptiones, quae obeliscum Theodosii II, qui centum annis post erectus est, ornant (CIG IV 280, nr. 8612 = AP IX 682 = EG 1061): sunt enim hae duo carmina, alterum hexametris κατὰ στίχον Graece, alterum autem elegiacis distichis Latine. Talis igitur inscriptio, qualis ex versibus Constantini Rhodii erui posse videtur, vix ante Heraclium, si umquam, exsistere poterat. Haec itaque inscriptio non Constantini Magni temporibus, sed Constantini VII aetate, a Constantino scilicet Rhodio in carmine de mirabilibus confecta est. Unde vero variae lectiones προστίθημι et κοίρανος ortae sunt? Heic quoque Lauxtermann verum viderat: fieri potest, ut poeta, quum carmen perpoliret, in locum vocabuli βασιλεὺς elegantiorem κοίρανος substitueret, et similiter pro σοὶ προστίθημι suum σοὶ νῦν προσῆξα (AP XV 16, 4 = Appendix IV) poneret.

48 στήσας καὶ πορφυροῦν μονόλιθον κίονα ἐν τῷ τόπῳ τῷ λεγομένῳ φόρῳ καὶ ἐπάνω αὐτοῦ ἀνδριάντα χαλκοῦν, οὔτινος ἐν τῷ μήλῳ τῷ ἐν τῇ χειρὶ πήξας τὸν τίμιον σταυρόν, ἐπιγράψας ἐν αὐτῷ· σοὶ Χριστὲ ὁ θεὸς παρατίθημι τὴν πόλιν ταύτην (Guidi 1907, 337 ll. 7–11).

49 Lauxtermann 2013, 303.

Cur autem Constantinus duo diversa carmina, hoc est descriptionem mirabilium urbis Constantinopolitanae et ecclesiae Ss. Apostolorum in unum conflauerit, dictu difficile est. Sicut ante diximus, Athonitae codicis redactionem eandem esse ac poema, quod Rhodium coram aulicis quattuor imperatorum temporibus in regia legisse verisimile videtur. An Constantinus partem carminis de mirabilibus removit et descriptionem Ss. Apostolorum, amissa fortasse descriptione S. Sophiae, huic idcirco addidit, ut aptum numerum versuum, qui non immodico carmini erat circiter 1000, assequeretur? At fieri potest, ut Noster antiquiorem quendam poetam imitari studuerit. Reapse, Constantini carmen usque ad versum 423, qua forma nobis traditum est, partim ecphrasis, partim vero encomium esse videtur: haud aliter dicas de Pauli Silentiarii descriptione S. Sophiae, quam Constantinus apprime noverat, quum eius versus ipse in codice Palatino exaraverit. Nam Pauli quoque Silentiarii ecphrasis ecclesiae Sophianae non ante versum 354 initum capit, eiusque carmen, non secus ac Constantini, 1029 versibus continetur. Est denique difficultas, qua hoc aedificium, quod exstruximus, quodammodo labare videtur, quamque philologi, qui nos praecesserunt, dilucide animadverterunt. Toto enim carmine quaternarius numerus iterum atque iterum plurimis sententiis adiectivis nominibus invenitur, quod si ad cruciformem ecclesiam referamus sane explicari potest, sed etiam quattuor imperatores, qui tum regnabant, significare potest – quapropter *totum* carmen, non tantum ii versus, queis principes τετράφωτοι πυρσολαμπεῖς λυχνίαι appellantur, annis 931–944 compositum esse videretur. Qui hoc explicari possit? Philologo autem quaedam nescienda esse Godofredus Hermann recte aiebat.

V. DE CONSTANTINI DICENDI GENERE

1. Ecphrasticum carmen eiusque loca selecta

Quamvis Constantini dicendi genus reprehensum atque adeo contemptum sit[50], poeta Noster sermonem antiquum, qui «Hochsprache» Theodisce nuncupatur, satis recte adhibet. Is enim exempli gratia

50 Cf. Wulff 1898, 316–317.

coniunctionibus atque particulis ita scite ac naviter utitur, ut nonnumquam Atticus germanus videri possit. Post enim acrostichon orditur poema a μέν solitario (19), quod initio sermonis perquam aptum est[51], praesertim in tam implicata tamque tortuosa ῥήσει (19–41)[52]. Non aliter ac apud Atticos scriptores, vel optimos e Byzantinis scriptoribus, ἄρα ideo adhibetur, ut significetur, factum vel dictum prius nunc demum intellectum esse:

> Ταῦτ' ἄρα τοῦ γέροντος Συμεὼν λόγοι
> ἃ νῦν τελοῦνται (Ss. App. 956–957),

quemadmodum apud Jo. Maur. Carm. 84.5 μάτην βασιλεὺς ὠνομαζόμην ἄρα aeque habetur[53]. Inveniuntur sane exempla parum perpoliti sermonis, veluti τε tertia sede positum (Ss. App. 122, 209, 416, etc.)[54], at raro; nonnumquam recentiore quadam, immo Byzantina significatione praedita sunt adverbia[55], non secus atque pronomina[56]; serioris sermonis est etiam ordo superl. + posit. κράτιστος καὶ σοφὸς (150)[57]; τε non raro pro καί adhibetur quamvis ad praecedens vocabulum non pertineat

51 Bäumlein 1861, 161; Denniston 1954^{2}, 382–384.

52 Figuras quidem et tropos carminis Constantini examinare supersedimus: attende autem versibus Ss. App. 151–152 figuram quae Gallico sermone «enjambement» appellatur παίγνιον πέλειν πόλει / παισί (una cum quae vocari solet allitteratione) nec non et septies iteratam vocem σοφ- a versu 415 usque ad versum 429 (vide etiam, quomodo poeta vocabulis σοφῶς/σαφῶς versibus 415–6 ludat); adde omoeoteleuton una cum crescentibus colis versu Ss. App. 498 καὶ σχῆμα καὶ πρόβλημα χ' ὕψωμα ξένον (cf. Jo. Callip. 1.10 Gig. καὶ νεῦμα καὶ βάδισμα καὶ βλέμμα φέρων). At haec omnia prae versuum Scopticorum iocis salibusque nihil paene esse videntur.

53 Denniston 1954^{2}, 36.

54 Quod quidem iam in antiquorum operibus, raro autem, invenitur. In serae antiquitatis carminibus, prasertim in hexametricis, praeceptum particulae in secundam sedem collocandae evanuisse videtur.

55 Exempli gratia τάχα (Ss. App. 181) sensu "fere", "πως", atque "paene" (Ss. App. 222). Versu Scopt. 9.6 ἄρτι "νῦν", communi sensu. Versu autem Ss. App. 207 μάλιστα sanum est atque verba firmare videtur (συντεταγμέναις / εἰς κάλλος), non secus ac versu 861 ὡς ἄλλο μηδέν idem confirmat.

56 Versu 56 αὐτὸς plane vim habet pronominis οὗτος (sicut iam in prosa oratione imperatoriae aetatis: Wifstrand 1957, 28–29; ad Romanum Melodum, cf. Maas 1907, 570 = 331–332).

57 Wifstrand 1931, 29–30.

(cf. 585, 595, 606, 646)[58]. Sed omnino Constantini dicendi forma naturalem quandam affectat elegantiam[59]; procul enim abest a perdifficili sermone atque opimo apparatu quorundam recentiorum poetarum veluti Theodosii Diaconi et Constantini Stilbis nec non et a taediosis illis Ioannis Geometrae versibus, qui solis e nominibus constant. Etiam in versibus scopticis, si composita excipias, orationis forma plana est. Sunt sane aliquot vitia, quorum gravissimum repetitio vocabulorum est[60]. At exempla videamus. Constantinus ordinem verborum, qui ex articulo + pronomine ὅσπερ + αὐτ- constat, adamat, ut locis subsequentibus patet:

Ss. App.: 8 τὴν ἥνπερ αὐτός; 22 τῆς ἧσπερ αὐτοί, 239 πρὸς ὅνπερ αὐτός, 292 τῶν ὧνπερ αὐτός, 547 τῶν ὧνπερ αὐτοί, 758 τὸν ὅνπερ αὐτή, Scopt. 5, 16 τὴν ἥνπερ αὐτός[61].

Plura autem de repetitis vocabulis afferre libet. Plurimi enim versus vel hemistichia vel exitus versuum isdem aut saltem simillimis ex verbis, praesertim in ecphrastico carmine, constantes inveniuntur, quod iam Bartelink animadverterat. Horum versuum catalogum quam maxime absolutum pertexere non abs re visum est:

Ss. App. 550 = 640 εἴτ' Ἀνθέμιος εἴτ' Ἰσίδωρος νέος; 32 σφαιροσυνθέτοις στέγαις = 610 σφαιροσύνθετον στέγην = 744 σφαιροσυνθέτου στέγης[62]; Ss.

58 Forte «X τε Y» e communi «X τε καί Y» ortum est. Cf. Speck 1968 ad Theod. Stud. Iamb. 11.11 (atque eius editionis indicem s.v. τε), Sternbach ad Jo. Geom. Pant. 86.

59 Cf. exempli gratia χάλκεος pro feminino (versu 125): quod tantum abest ut barbarismus sit, ut potius huius usus exempla antiquiora exsistant, cf. Kastner 1967, 29–30. Quod ad optativum in versibus Ss. App. 333 et 923 ὅταν προσίδοι attinet, eum etiam in primis saeculis imperatoriae aetatis affatim invenias (exempli gratia: Aret. 5,2,10 [CMG II, 100.15] ἦν δὲ τρόμος χειρῶν καὶ κεφαλῆς εἴη).

60 Crebritate repetitionum duplex πανταχοῦ versibus 260 et 262 (eadem versus sede), quod Speck 1991, 256 n. 26, suspicatus erat, explicatur.

61 Quibus obiter etiam dicendi generis unitas, quae inter Ss. App. et Scopt. observari potest, probatur.

62 Repetitum compositum iam indicavit Bartelink 1976, 425. Addendum est, hunc adiectivum, quomodo ex apparatu fontium patet, a Pisidae Hexaeme-

App. 33 εἰς ὕψος ἐστηριγμένων = 49 πρὸς ὕψος ἐστηριγμένων = 473 εἰς τοσοῦτον ὕψος ἐστηριγμένος; Ss. App. 43 = 366 Ἰουστινιανὸν ἐκεῖνον ἄνδρα τὸν μέγαν; Ss. App. 45 τὴν χεῖρ' ἐπεκτείνοντα πρὸς τὸν ἀέρα = 155 τὴν χεῖρ' ἐπεκτείνουσα πρὸς τὸν ἀέρα = 618 καὶ χεῖρας ἐκτείνοντες εἰς τὸν ἀέρα; 93 Ss. App. καὶ τὴν ὅλην σύμπηξιν = Scopt. 5.2 καὶ τὴν ὅλην σύμπηξιν; 123 Ss. App. οὕτως μὲν οὕτως = 161 οὕτως γάρ, οὕτως = 602 οὕτως γάρ, οὕτως; 209 Σκυθῶν ... φόνους = 240 φόνους Σκυθῶν; Ss. App. 285 ἄκουε λοιπόν = Scopt. 6.8 ἄκουε λοιπόν; Ss. App. 278 Κωνσταντίνου, Λέοντος υἱοῦ τοῦ πάνυ = 419 Κωνσταντίνῳ, Λέοντος υἱῷ πανσόφου; Ss. App. 349 τῆς χαρᾶς πεπλησμένος = 832 †χαρᾶς πεπλησμένον†[63]; Ss. App. 420 ποθεῖ ξενοτρόπως = 431 ποθεῖ ξενοτρόπως; Ss. App. 422 ἀσφαλεῖς ποδηγέτας = 433 ἀσφαλεῖς ποδηγέται; Ss. App. 421 ὡς ὄντας αὐτοῦ προστάτας σωτηρίους = 436 ὡς ὄντες αὐτοῦ πρὸς Θεὸν παραστάται; Ss. App. 482 εὐσεβεῖ τρόπῳ = 627 εὐσεβεῖ τρόπῳ; Ss. App. 496 εἰς τὸ γῆς πέδον = 588 πρὸς τὸ γῆς πέδον = 874 πρὸς τὸ γῆς πέδον; Ss. App. 539 πάντη που ξένου = 665 πάντῃ που ξένον = 926 πάντῃ που ξένον = Scopt. 3.5 πάντῃ που ξένῃ[64], Ss. App. 562 τετραρίθμους ἐξίσης = 592 τετραρίθμους ἐξίσης, Ss. App. 581 σφαιρομόρφῳ συνθέσει = 603 τετραρίθμῳ συνθέσει, Ss. App. 589 τοῦ νεὼ συναρμόσας = 704 τὸν ναὸν συναρμόσας, Ss. App. 595 τετραπλοῦς τῇ συνθέσει = 606 τετραπλοῖ τῇ συνθέσει; Ss. App. 675 ὡς χιτῶνας ἐνδύσας = 733 ἐπενδύσας γε χιτώνων δίκην, Ss. App. 804 τὸ τρισόλβιον τ' ὄρος = AP XV 16.7 (= App. IV) τὸ τρισόλβιον πάθος, Ss. App. 871 ἀλλ' αὐτόν, αὐτόν = 900 ἀλλ' αὐτόν, αὐτόν, Ss. App. 961 ὡς ᾗσ' = Scopt. 6.9 ἃς ᾗσεν (eadem versus sede)[65].

Iis porro, quae carmini Ss. Apostolorum cum Scopticis communia sunt, insuper probatur, poemata haec nugatoria revera Constantino deberi.

rone repetitum esse: quod itaque Constantinus eo crebrius utitur hac eius inlustri quadam origine excusatur.

63 Alterum exemplum corruptum est: atque fieri potuit, ut librarius ob ipsum versum 349 eundem exitum in versum 832 insereret. At index repetitorum verborum aperte demonstrat, Constantinum iterum atque iterum iisdem verbis uti, ut haec iteratio nihil novi per se haberet.

64 Viri doctissimi Bartelink emendatio, qui quidem eadem verba etiam in Scopticis inveniri nesciebat, certa est.

65 Addere possis etiam versus 697 et 700, qui vocabulis σελασφόρων et σελασφόρου terminantur.

Ad reliqua pergamus. Constantinus constructionem, quae relativi pronominis attractio appellatur, maxime diligere videtur:

Ss. App. 157 ἧς εἶχον, 256 τῶν, ὧνπερ ἡ πόλις φέρει, 289 τοῖς τριμέτροις … οἷς πλέκω, 377 ἀνδρῶν … ὧνπερ ἤνεγκε⟨ν⟩ βίος, 547 τῶν ὧνπερ αὐτοὶ συντεθείκασιν λόγων, 563 τῶν ὧνπερ εἶπον γωνιῶν, 815 τοῦ πάθους … / οὗπερ παθεῖν ἔμελλεν, Scopt. 1.32 τέκνων … τῶνπερ ἔσπειρας, 5.18 κονίστρᾳ, τῇπερ ἔσκαψας.

Quibus denique addantur aliquot genetivi qui «originis» appellantur atque praepositione (ἐκ, ἀπό) carent: 530 ἀνδρωθέντα παρθένου κόρης; 776 τεχθήσεσθαι παρθένου κόρης[66]. Heic enim praepositionem exspectaveris, cf. [Io. Dam.] Can. 1.3 τεχθεὶς ἐκ κόρης, Theod. Stud. Iamb. 33.6 κυηθεὶς ἐκ κόρης.

Asyndeton praeterea praesertim in descriptionibus haud raro adhibetur. Quod si intellegas, iis etiam in locis, qui quidem duriusculi esse videntur, emendationibus abstineas. En exemplum:

πλευραῖς χαλκαῖς τέτρασι καθηρμοσμένον
ζῴοις τε πλαστοῖς πάντοθεν κεκασμένον
βλαστοῖσι καρπῶν καὶ ῥοΐσκων ἐμπλέοις (187–189).

Heic versu 189 conjunctionem desiderari, velut βλαστοῖς τε, haud facile negaveris. At Constantinus, sicut diximus, in enumerationibus asyndeton usurpat, cf. 729–730 ῥόδοις τε καὶ κρίνοισιν ἐξεικασμένοις / καρποῖσιν ὡραίοις τε κεὐειδεστάτοις[67]; 768–769.

Sed nunc gravior oritur questio, quum in carmine ecphrastico interdum anacolutha audacissima inveniantur, quae plerumque corruptelis tribueris; aliquando vero e vocabulis technicis, quae vix versui accommodantur, eiusmodi anacolutha constant; alia denique ex eo orta esse videntur, quod operi manus extrema defuit. Itaque saepe non pro certo diiudicaveris, utrum revera pro anacoluthis habenda an verba scribarum neglegentia depravata sint. Ab initio carminis ordiri libet.

66 Invicem explicantur. Animadvertas etiam eundem versuum exitum.

67 Versus 729 et 730 per asyndeton inter se conecti potius quam per τε tertia sede positum verisimilius videtur.

Ῥοδοπλεκῆ στέφανον ἐξ ἀκηράτων
Ὅλον πλακέντα μουσικῶν ἐξ ἀνθέων (13–14).

Heic quidem de praepositione male repetita potius quam de anacolutho agitur. Hisne in versibus cum Speck in τῶν ἀνθέων corrigendum, an comma post πλακέντα ponendum, ut epanalepsis quaedam efficiatur (cf. Nic. Eug. Dros. et Char. 4.232 Conca εἰς κῆπον ἁδρὸν ἐκ ῥόδων, ἐξ ἀνθέων [ita interpungendum]), an denique poetam sententiae perspicuitati parum consuluisse, velut in versibus 106–107 (cf. infra) putandum est? Haec duo praecipue tenenda sunt: primum, στέφανον ἐξ ἀκηράτων sanum esse videtur, quum Eur. Hipp. 73 στέφανον ἐξ ἀκηράτου presse imitetur[68]; deinde, versu 310 στεφάνοις ἐκ λίθων τῶν τιμίων viri doctissimi Speck conjectura fulciri videtur, quae igitur valde probabilis habenda est. Et rursus:

ναῶν τε λαμπρότησιν ἠγλαϊσμένων
στοῶν τε μακρῶν σφαιροσυνθέτοις στέγαις
καὶ κιόνων εἰς ὕψος ἐστηριγμένων (31–33).

Patet κιόνων a λαμπρότησιν potius quam a στέγαις pendere, quum hae columnae, de quibus poeta dicturus est, in medio fori vel plateae, certe non per portichos positae erant; στοῶν quoque a λαμπρότησιν et non a στέγαις pendet, quamquam qui haec legat hoc potius primo obtutu cogitabit. Itaque hic locus festinanter compositus esse videtur.

φόρου τε Ταύρου καὶ μακροῦ Ξηρολόφου
σταυροῦ τε †τὸν φέροντα† πάντιμον τύπον (34–35).

Versus alter corruptela laborat, quia pro verbis τὸν φέροντα genetivum, hoc est τοῦ φέροντος, exspectaveris, quod et Legrand et Begleri simul proposuerunt: quem autem ita emendatum in rem metricam peccare, quum septimum elementum longum efficiatur, ideoque hanc emendationem specie carere, Vassis animadvertit. Hoc in loco, tria potissimum itinera ineunda sunt: 1) sive enim locus pro sano habendus atque anacoluthon admittendum; 2) sive τὸν φέροντα in τοῦ φέροντος corrigendum,

68 Non ita «eines der beiden ἐξ, wohl das zweite» (Speck 1991, 252, n. 12) corruptum est, sed alterum tantum.

quum eiusmodi vitia in hoc carmine passim occurrant, velut 279: τοῦ πρὶν διευθύνοντος σκῆπτρα πανσόφως[69]; 3) sive una cum τὸν φέροντα etiam subsequens πάντιμον tentandum, sicut in apparatu critico proposuimus. Namque accusativum a librario, qui genetivum non intellexisset (quum φέροντος ad κίονος referatur) inlatum esse haud absurdum videtur: eum porro, quum hiatum ortum esse animadvertisset, ἔντιμον in πάντιμον mutavisse. Tertium fortasse optimum est. Rursus:

> ἅπερ ξενίζει τὴν ἐμὴν ἀεὶ φρένα
> καὶ γλῶτταν αὐτὴν οὐκ ἐᾷ σιγὴν φέρειν
> ὁρῶντα ταῦτά τ' ἔργα θαύματος πλέον (87–89).

Heic est subiectum verbi ἐᾷ pronomen ἅπερ, a quo certe γλῶτταν φέρειν σιγὴν pendet. At quomodo sequens versus cum praecedentibus verbis coniungendus est? Forte ὁρῶντα ad (ἐμέ), quod e pronomine ἐμὴν (87) subaudire possis, refertur: difficilis quidem constructio, sed ea quam apud Byzantinos nonnunquam invenias[70]. Neque tamen quomodo versus 88 et 89 una coniungendi sint, non recte rogaveris. Non igitur casu factum est, ut Legrand in margine «sic» annotaverit[71]. Coniectari igitur potest, heic quoque anacoluthon admittendum, nisi hoc potius mavis, γλῶτταν αὐτὴν pro obiecto habere et σιγὴν in σιγῇ corrigere (subiectum autem verbi φέρειν rursus esset ἐμέ)[72]. Subsequitur non anacoluthon, sed inelegans repetitio:

> Οὓς ἠνθράκωσεν ὁ φθόνος τῷ πρὶν χρόνῳ
> καὶ πῦρ κατεσπάραξε τὴν τούτων φύσιν,
> πῦρ ἡνίκ' ἐφλόγιζε τὴν πᾶσαν πόλιν (105–107).

πῦρ heic bis repetitum vix feras – quam repetitionem non eiusdem esse generis ac eius, cuius exempla plura supra attulimus, non infitias ibis. Itaque, quum prima manus codicis A ὁπότ' pro ἡνίκ' exaraverit, ὁπηνίκ'

69 Cf. Lauxtermann 2019, 279. Versum 279 etiam nobile exemplum vocabuli σκέπαρνον tutatur.

70 Cf. exempli gratia Nic. Call. 31.13 Romano (30 Sternb.), quo in versu τύχῃ e versu 9 subsumitur.

71 Nihil ad hoc Vassis, qui anacoluthon probare videtur.

72 Cf. Aesch. Ch. 581 γλῶσσαν εὔφημον φέρειν, Nic. Greg. Hist. Rom. III 116, 3 σιγῇ παρέσχον τὴν γλῶτταν.

ἐφλόγιζε pro πῦρ ἡνίκ' coniicere possis, quo videlicet repetitio amoveatur (cf. 479 ὁπηνίκα προύβαινε). Sed facere non possumus quin hunc quoque locum neglegenter compositum esse putemus eumque sanum esse arbitremur[73]. Aliud anacoluthon idque grave in descriptione statuae equi quo Theodosius vehebatur, accedit:

Οὗ τὸ φρύαγμα καὶ τὸν ἵππον ὁ βλέπων
⟨…⟩
καὶ τὸν χαλινὸν ἐνδακόντα τῷ θράσει,
τὸν αὐχένα προύχειν τε πύργον ὡς μέγαν
σοβαρότητι καὶ φρυάγματι ξένῳ,
ὁπλὴν ποδός τε προσδοκᾶν κινουμένην,
ἵππον νομίζει χρεμετίζειν ὡς τάχα (227–234).

Coordinatio versuum 231–233 non aliter exsistere potest, quam si et προύχειν et προσδοκᾶν pro infinitivis finalibus-consecutivis habeas, eosque non uno e subiecto pendere censeas: ὥστε τὸν αὐχένα προύχειν … καὶ τὸν βλέποντα προσδοκᾶν τὴν ὁπλὴν κινουμένην. Facilior autem esset via corrigendi προσδοκᾶν in προσδοκῶν (vide apparatum), ita ut προύχειν a βλέπων sine negotio pendeat. Mox autem aliud anacoluthon infinitivo consecutivo sine ὡς/ὥστε forte explicatur:

καὶ τῷ μὲν αὐτῶν φυλακὴν λαχεῖν μέσην,
τῷ δ' αὖ πρὸς ἄκραν καὶ πυλῶν τὰς ἐξόδους (252–253)

«ita ut unus eorum munus mediam urbem servandi haberet, alter vero» etc. Vassis ὡς pro καὶ primo versu coniecit, quae quidem emendatio sententiam leviorem sane efficeret: at sensus utique idem esset. Porro oratio incompta exemplo subsequenti parum suadet, ut opes ingenii ad textum emendandum adhibeantur:

ἄλλος γάρ, ἄλλος οὐρανὸς νέος πέλει
στηριγμὸν ἐν γῇ τόνδε δεύτερον φέρων
πεντάστεγός τις σφαιροσύνθετος σκέπη

73 Nec dissimiliter fit in versu 660 Ἀκυτανῆς τε πλακὸς ἠγλαϊσμένης, ubi πλάκας subintelligendum, sensu quidem difficili et sermone invenusto: (πλάκας) τε Ἀκυτανῆς πλακὸς ἠγλαϊσμένης.

πᾶσαν περικλείουσα τῷ δοκεῖν πόλιν,
ἄστροισιν ἄλλοις κρείττοσι κεκασμένος. (501–505)

Quum enim κεκασμένος (505) ad praecedens οὐρανὸς (501) referatur, atque feminina σκέπη ... περικλείουσα in medio inferta sint, si postremum versum 505 continuo post 501 transponas, ob propinquitatem verborum ἄλλος ... ἄλλος οὐρανὸς et ἄστροισιν ἄλλοις sententia planior evadat. Quod non necessarium esse qui subsequitur locus indicare videtur:

ἀλλ᾽ οὖν ὁ κλεινὸς τῶν Ἀποστόλων δόμος
ἄλλοισιν ἄστροις μαρμαρύσσεται ξένοις,
τῶν φωτομόρφων εἰκόνων διαυγίαις,
λάμπουσιν ὥσπερ ἡλίου φαιδρὸν σέλας· (510–513)

Heic enim verbum λάμπουσιν (513) ab ἄστροις (511) substantivo διαυγίαις, quod munere appositionis fungitur, separatur. Hoc versibus supra allatis simile esse videtur.

2. Composita versuum scopticorum

Graeci secus ac Indi, «qui radicibus nudis verborum iunctis constructionem grammaticam legentibus relinquunt plerumque; cuius dicendi generis exemplum apud Aristophanem extat Eccl. 1169 sqq.»[74], vocabula plus quam duobus nominum thematibus composita non diligebant[75]. Dithyrambici quidem poetae eiusmodi compositis crebro usi esse videntur, at eorum dicendi genus non penitus novimus[76]. Praeter enim Timothei Milesii *νόμον* (anno editum 1903) et Cercidae Meliambos (anno 1911 in lucem emissos) iidem fere auctores antiqui ad usum compositorum sesquipedalium cognoscendum nobis praesto sunt atque Byzantinis: Aristophanes, Lucian. Podagr. 198–203[77] et fragmenta

74 van Anrooy 1897, 2.
75 Composita “longa” ea intelligimus quorum tres (vel plures) partes vel separatim per se exsistere possunt, neque particulae vel praepositiones sunt.
76 Cf. egregiam annotationem viri doctissimi Dover in Aristoph. Ra. 1336a.
77 Cf. Magnelli 2019, 49.

quaedam quae ab Athenaeo laudata sunt, hoc est Pratinas (PMG 708: Ath. XIV 617b–f) et Philoxenus [PMG 836, praesertim b): Ath. IV 146f et IX 409e, atque e): Ath. XIV 642f], nec non et Anon. FGE 1752–1757 (Ath. IV 162 a–b). Media autem aetate Athenaei Dipnosophistae raro legebantur, atque ex Byzantinis perpauci fuerunt, qui eos lectitasse se gloriari poterant, sicut Constantinus Manasses, qui non sine quadam vanitate hoc fecisse ait (Hodoep. I 10)[78]. Itaque quum Byzantini composita longa excuderent, necessario Aristophanis «monstra animi causa procusa» secuti sunt[79]; nec Rhodius ab hoc usu recedit. Cuius rei argumento est, quod in Scopt. 7.4 elisionem versui inseruit, quam apud Aristophanem unum reperiebat, hoc est εἶν'[80]. Hoc propter coniectari potest, eum legentes intelligere voluisse versus iocosos ad instar Aristophanis compositos esse[81]. Ea igitur elisio, non secus ac longa composita, ad dicendi genus priscae Atticorum comoediae exprimendum adhibetur. Haec iuxta, Rhodius inlustris cuiusdam loci Archilochi reminiscitur (Scopt. 6.1)[82], ut significet videlicet, se mordacis poetarum antiquorum iambi et animum et dicendi genus imitari voluisse. Est ergo Constantino exquisita quaedam dicendi ars, quum eius oratio priscorum poetarum exemplis imbuta cum rebus iocosis maxime conveniat.

Duo itaque loci Aristophanis huic faciunt: quorum unum modo memoravimus, apud enim Ecclesiazusas invenitur[83]; sed alter est potius, quem Constantinus imitatus esse videtur. In quo quum Lysistrata omnes feminas secundum uniuscuiusque professionem convocet, probabile videtur, eum versibus Rhodii subesse, queis item artes vilissimae memorantur:

ὦ σπερμαγοραιολεκιθολαχανοπώλιδες,
ὦ σκοροδοπανδοκευτριαρτοπώλιδες (Lys. 457–458).

78 Athenaeum legit quidem et Eusthatius, adeo ut Epitomen ipsum confecisse Paul Maas disputaverit.

79 Todt 1855, 15.

80 Ar. Nu. 1357, Ra. 692, Plu. 197.

81 Cf. ceterum ad Scopticorum v. 2.28 βυρσοδεψοπαφλαγών.

82 Quem etiam Constantinum (Siculum) imitari n. 8 iam diximus.

83 In fine ferme comoediae: λοπαδοτεμαχοσελαχογαλεο-/κρανιολειψανοδριμυποτριμματο-/σιλφιοτυρομελιτοκατακεχυμενο-/ κιχλεπικοσσυφοφαττοπεριστερα-/ λεκτρυονοπτεκεφαλλιοκιγκλοπε- / λειολαγῳοσιραιοβαφητραγα- / νοπτερυγών.

Qui haec legit, non potest facere quin etiam humilium artium, quae in Scopt. 2.13–23 offensionis gratia memorantur, reminiscatur. Ceterum versus Ecclesiazusarum lyrici atque *ἐν συναφείᾳ* sunt[84], quum duo, quos heic attulimus, iambici trimetri sint, in quibus adeo cesurae B5 (457) et B7 (458), non secus ac in Constantini ex compositis constantibus dodecasyllabis, quodammodo agnosci possunt[85]; denique, veluti apud Rhodium, heic quoque composita unius versus spatio continentur.

Haud iniuria a pluribus putatum est, Constantinum ad eiusmodi composita procudenda idcirco adductum esse, ut ipsum scribendi genus Leonis Choerosphactis rideret, quem in Scopt. 1 iniuriis lacessivit[86]; is enim in Anacreonticis pangendis a longis compositis non abstinuit[87]. Quod quum probabile esse videatur, non praetereundumst, longa huiusmodi composita etiam in poematiis contra Theodosium Paphlagonem occurrere, sicut Federica Ciccolella recte notavit: quin immo aliquot composita carminis Scopt. 1 simillima sunt eorum, quae in Scopt. 2 habentur. Si autem poematium contra Choerosphacten prius compositum est, quod quidem e natura ipsa quorundam compositorum coniectari potest[88], necessario sequitur Constantinum in compositis carminis in Theodorum excudendis ea, quae in carmine 1 continentur, imitari potuisse, quamquam nescimus quidem, ut iam diximus, quando poeta Noster Theodorum conviciis insectatus sit. Utitur praeterea Constantinus longis compositis etiam in ecphrasi, quamvis non tam longa sint, quam illa, quae in Scopticis habentur, atque satirica vi prorsus careant: 439 χρυσολαμπόμορφον, 458 πενταστρόμορφος. Inveniuntur denique longa composita in Scopticis etiam aliis in

84 West 1982, 131–132.

85 Cf. infra, XLII–XLIII.

86 Primus animadvertit Mercati 1970, 288.

87 In carmine difficili et eruditissimo, cui Chiliostichos Theologia nomen est, quique compositis abundat, sesquipedalia composita non multa sunt: cf. 333 *κακουργομηχάνῳ* et praesertim 936 *ψευδοτεχνοκαπνοβορβοροστόμων*.

88 Aliquot composita, quae in poemate Scopt. 1 habentur, nomini inimici sui, hoc est Choerosphactis, illudunt, adeo ut hoc ipso consilio excusa esse suspicari possit: 1.7 λακτεντοχοιροκριοβουτραγοσφάγε (atque simul omnia composita, quae verbo -φθόρε terminantur: vv. 12, 17, praesertim 23 κορνουτοπαρθενοτριβοψυχοφθόρε). Itaque, quum Scopt. 2.15 χοιροκριοταυροβουτραγοσφάγοις simillimum compositi λακτεντοχοιροκριοβουτραγοσφάγε sit, hoc autem unum nomine inimici explicetur, coniectari possis, Scopt. 2 confectum esse, posquam Constantinus Scopt. 1 contra Leonem scripsisset.

versibus ac iis, qui e compositis unice conficiuntur, cf. 2.31 χοιροβαλανοτρόφου. Quibus perpensis Constantinum in poemate altero condendo carmen scopticum primum imitatum esse arbitramur; quod autem composita longa etiam alibi occurrunt, eo explicatur, quod Byzantini eiusmodi grandia atque ponderosa verba utique in deliciis habebant, sicut et Marcus Lauxtermann demonstravit[89]. Quin etiam serae antiquitatis scriptores sesquipedalibus compositis usos esse Gustavus Meyer vidit, qui inter alia Julian. ap. Basil. Ep. 205 (p. 40 Courtonne) εὐμορφοποικιλοκαθαρόμορφος et Basil. Ep. 365 (p. 365,1 Court.) ἀστραπτοβροντοχαλαζορειθροδάμαστος optime attulit[90]. At carmen potissimum longis compositis exornatum, quod poetae Byzantini Rhodii aetate veluti fontem quendam haurire et pro exemplo habere par erat, Canones Iambicos Joanni Damasceno tributos fuisse nemo non nescit: quos revera a Ioanne Arklas compositos esse Marcus Lauxtermann abhinc annos viginti ostendit[91]. His enim in Canonibus talia leges: πανσθενουργόφωτος (3.27), γλωσσοπυρσόμορφος (3.55), ἀκτιστοσυμπλαστουργοσύνθρονος (3.119).

VI. DE SERIORIBUS BYZANTINIS SCRIPTORIBUS, QUI CONSTANTINUM RHODIUM IMITATI SUNT

Unus auctor, qui Constantinum Rhodium tam crebro et tam arcte sectatus est, ut eum quodammodo pro exemplo dicendi generis habuisse videretur, Ioannes Mauropus fuit[92]. Is enim a Rhodio multa sumpsit, atque in hac editione eius imitationes, quae decem annis ante a

89 Cf. exempli gratia Jo. Geom. Pant. 667 Sternb. ἐχιδνοδηκτόφθαρτον, 681 σκανδαλοπλοκεργάται, 873 ληροπλαστοκομπίας, Christ. Mit. 1.14 De Gr. κηροσταλακτόκαυτος, Nic. Eug. Dros. et Char. I 123 Conca λευκοχειροσαρδόνυξ, II 248 λευκερυθροφωσφόρον, 6.470 σκληροπετρόστερνος, 571 ἁδροδενδροκαρπία, Jo. Grass. 10.40 Gig. ὁπλοτοξοπυρφόρος, 41 βριαροχειρόπους, 44 ἀδικοτροπουργίαν. Potissimum conferendum est epigramma F24 Rhoby (Byzantinische Epigramme in inschriftlicher Überlieferung, IV: Ausgewählte byzantinische Epigramme in illuminierten Handschriften, Wien 2018, 149–151) cuius 9 versus e longis compositis plerumque constant (vide Magnelli 219).

90 Meyer 1923, 152 n. 4.

91 Lauxtermann 2003, 135.

92 De Stefani 2012, 169–171.

nobis allatae sunt, pluribus novisque exemplis auctae sunt. Illud praeterea maxime interest, quod Mauropus cyclum ecphrasticorum epigrammatum quae de iis Evangeliorum eventibus agunt, qui etiam in carmine Constantini pertractati sunt (751–981), composuit (2–11 De Lagarde); auctoritas Rhodii potissimum his in carminibus apparet, elucet autem toto in Mauropodis libello. Itaque Mauropus, tam litteris imbutus talisque priscorum auctorum sectator, Rhodii carmen ecphrasticum imitatione dignum iudicavit, quamquam nostris quidem temporibus eius dicendi genus inconditum nonnumquam atque obscurum visum est: at unicuique aetati suum iudicium est nec aliter fieri potest. Altero porro dimidio saeculi decimi Joannem Geometram Constantini carmen ecphrasticum lectitavisse ex aliquot locis similibus verisimile videtur, duodecimo autem saeculo Constantino Stilbi Rhodium notum fuisse nonnullis ex imitationibus patet. Theodorus quidem Prodromus eum nescisse aut imitatione indignum iudicasse, Manuel autem Philes eum cognovisse nobis visus est. Nec aliter res sese habet de Nicolao Mesarita, qui ecphrasin ecclesiae Ss. Apostolorum, eiusque praesertim operum musivorum, quae a Constantino quoque partim descripta sunt, saeculo duodecimo prosa oratione composuit. Mesaritae enim editor princeps, Augustus Heisenberg, eum Rhodii carmina legisse sibi persuasum habebat[93], et nos quoque cum viro doctissimo consentimus. Insunt enim locutiones in descriptione operum musivorum, quibus narrationes Evangelicae depinguntur, quae in auctoribus ambobus inveniuntur, neque tamen ex Evangeliis, quae iis carent, derivare videntur: haec igitur verba Mesaritam in Constantino perlegendo invenisse par est. Confitendum quidem est, segetem communium inter eos vocabulorum parvulam esse: neque tamen obliviscaris dicendi formam Mesaritae valde diversam esse ac Rhodii, quum ille splendidiore quodam dicendi genere atque oratoriis flosculis adornato utatur, Constantinus autem orationem planiorem sectetur atque a vocabulis rarioribus omnino abstineat.

93 Heisenberg 1908, 7.

VII. DE RE METRICA CONSTANTINI RHODII

Primum res metrica carminis Ss. Apostolorum, deinceps Scopticorum et appendicum examinanda est.

1) De prosodia verborum versui repugnante

Constantini res metrica in prosodia, praesertim in carmine ecphrastico, non raro licentias admittit[94]. Quod autem nonnumquam prosodia verborum a Rhodio neglegatur, Ioannes Vassis eo deberi recte contendit, quod quaedam vocabula technicam artem saperent, ideoque maiore cum licentia in versum inserier possent[95]. His numeri et nomina propria addenda sunt, quae item prosodicis vinclis plus minusve soluta sunt. Ecce tibi errorum prosodicorum, nominibus propriis omissis, qui inferius enumerantur, catalogus quam maxime absolutus.

10 τελέσας, 18 καμνόντων, 24 ἀρετῶν, 41 τῇδε πόλει, 55 ἤγειρεν, 67 ἔστησε, 137 γωρυτὸν, 138 ῥοπάλῳ, 143 βλοσυρὸν (nisi correctionem a viro doctissimo Vassis prolatam probas), 181 ὑποστήριγμα ζωγραφοῦν, 187 χαλκαῖς, 234 χρεμετίζειν, 246 ἄνοδον, 279 διευθύνοντος σκῆπτρα, 356 ἐπλάσθησαν καὶ, 357 τῇδε πόλει, 371 ἐκ χθονὸς, 391 μόνον, 450 πολύ, 454 φρυκτωρεῖται, 533 τέλεσεν, 557 κύβον, 593 μέτρον πανταχοῦ, 594 ἑκκαίδεκα, 599 ἔλαχον, 600 ἄλλοι, 644 κροσσωτοῖσι, 681 ἰσχυροτέροις, 692 ἑκατὸν, 701 δεξιὸν, 745 λαγόσιν, 747 κοσμητῶν, 762 τε σπαργάνοισιν (cf. infra, 4), 767 εὐδοκίαν, 776 τεχθήσεσθαι, 822 βροντηδὸν, 867 προδιδόντα, 879 δολίου, 884 ῥοπάλοις, 889 τρόπον, 911 προδίδωσι, 921 ἐκπληρῶν, 944 μυρομένης, 956 γέροντος Συμεὼν.

Non autem pro licentia versu 411 κἀγὼ vocali -ἀ- correpta habendum est[96]. Porro, vir doctissimus Lauxtermann recte disputavit licentias in terminationibus verborum (cf. etiam 2) Byzantinis omnino graviores visas esse (cf. exempli gratia 371 ἐκ χθονὸς)[97], quum eae, quae in

94 Lauxtermann 2019, 272: «For some of them, like 〈...〉 Constantine the Rhodian in his Ekphrasis of the Church of the Holy Apostles (his other iambic poetry is much better), prosody is clearly not high on their list of priorities».

95 Vassis 2012, 11 n. 32

96 Lauxtermann 2019, 275.

97 Quod vero exemplis antiquioribus non caret: vide Rzach 1882, passim.

iuncturis re metrica effectis occurrant, leviores esse viderentur: cf. 41 et 357 τῇδε πόλει. Aliud praeterea animadvertendumst: si enim Constantinus his in locis epica dialecto usus esset[98], quemadmodum etiam verba augmento carentia nonnumquam usurpat[99], eiusmodi prosodiae licentiae rariores forent. Nunc vero, quod epico olim sermoni plures formae eiusdem vocabuli sed non eadem prosodia, prout res metrica postulabat, praesto erant, eiusmodi licentias apud poetas Byzantinos inveniri quodammodo explicat, sicut non iniuria putatum est[100]; alienum igitur esset haec verba Homerico colore ita fucare, ut licentiae e versibus tollantur, quum Constantini temporibus idcirco ii versus vitiorum expertes legentibus viderentur, quia Homericae formae utique exsisterent, quibus adhibitis eae licentiae continuo amotae fuissent.

2) «α» duplici mensura, et brevi et longa, praeditum esse, inter omnes constat; cuius rei quum poetae Byzantini sibi conscii essent, veram quantitatem praesertim in exitu verborum, id est in terminationibus, servare strenue conabantur[101]. Heic in carmine autem de Ss. Apostolis quoque licentiae satis frequentes deprehenduntur.

183 τιάρας (-ας correpto), 268 Σοφίας (-ας correpto), v. 517 χορείαν (-αν correpto), 526 ἀστέρα («-α» producto), 560 τέτταρας (-ας producto; at versibus 97 et 591 corripitur), 568 ταύτας (-ας correpto), 609 ἁψίδας (-ας producto; versu autem 622 correptum est), 664 φωλίδα (-α producto), 678 κοσμήτας (-ας correpto), 882 σπεῖραν (-αν pro longo utitur poeta, licet accentus circumflexus sit)[102], 932 πλευρὰν (-αν pro brevi). Addas 154 ἥτις (-ις producto).

Quibus exemplis alia quoque addi possunt, in quibus «ι» dativi pluralis tertiae declinationis producitur[103].

98 Exempli gratia τελέσσας, τέλεσσεν, πτόλει, μοῦνον, πουλὺ, ἔλλαχον.
99 Ad verba augmento experta, cf. 117 φάγεν.
100 Lauxtermann 2019, 282.
101 Lauxtermann 2019, 274.
102 Item 602 σχῆμα cuius α pro longo utitur poeta.
103 Cf. infra, XLVI–XLVII. Quod autem ad correptionem ante vocalem, eam Constantinus plerumque neglegit: 38 Σοφίας, 98 Τυρίας, 268 Σοφίας, 359 Σοφίας.

3) licentiae in prosodia nominum propriorum[104]:

34 Ξηρολόφου, 43 Ἰουστινιανόν, 55 Κωνσταντῖνος, 61 Ῥώμης, 109 Βηρίνης, 128 Ἐφεσίων, 150 Κωνσταντῖνος, 162 Παλλάδος, 184 Θεοδόσιος, 242 Ξηρόλοφος, 286 Κωνσταντῖνε, 296 Κυβέλης, 309 Σολομών, 366 Ἰουστινιανόν, 397 Πέλοπος, 424 Κωνσταντῖνος, 426 Κωνσταντῖνος, 484 Τιμόθεον, ibid. Ἐφέσου, 490 Τιμοθέου, 496 Ἰουστινιανός, 518 Εὐρώπης, 525 Ἀνδρομέδας, 648 Εὐρώπης, 651 Δοκιμείου, 654 Εὐρώπης, 662 Καρχηδόνος, 793 Ἰωάννου, 881 Ἑβραίων, 938 Ἑβραίων.

4) de muta + liquida et duplicibus consonantibus syllabam corripientibus

Poetas Byzantinos syllabas ubi vocalem muta cum liquida excipiebat liberius quam antiquiores poetas corripuisse, perquam notum est[105]. Apud autem Constantinum eiusmodi correptionis usus omnino similis eius est, qui etiam apud Atticos scriptores observatur: consonantes enim, quae sunt γ δ β, una cum subsequentibus liquidis vocalem quae praecedit plerumque producunt[106]; unum excipias adiectivum βλαστός (cf. 1, 27, 393): at syllaba brevis ante βλ iam antiquitus passim inveniebatur[107]. Utque vero apud alios poetas Byzantinos, sic apud Rhodium quoque eiusmodi correptiones etiam aliis consonis quam mutis + liquidis fieri, hoc est ante -μν- (18 καμνόντων)[108], ante ζ (181 ὑποστήριγμα ζωγραφοῦν)[109] atque ante -στ- (v. 67 ἔστησεν), reperias[110]. Quod porro syllaba ante σπαργάνοισιν brevis manet (762) antiquissimis exemplis (Σκάμανδρος, σκέπαρνον) vel recentioribus ([Opp.] Cyn. 1.208 ἀσκαρ-

104 Cf. Lauxtermann 2019, 272–273.

105 Lauxtermann 2019, 276.

106 In hoc quidem genus non cadunt 11 δρᾶμα, 544 ἄνευθε γραμμάτων, quia his in exemplis syllaba praecedens etiam apud scaenicos antiquiores non producebatur.

107 West 1982, 17

108 Lauxtermann 2019, 277.

109 Lauxtermann 2019, 278. Poetas quoque antiquos, aetatis praesertim imperatoriae, vocalem ante ζ nonnumquam corripuisse inter omnes constat.

110 Lauxtermann 2019, 279.

δαμύκτοισιν, etc.) fulcitur[111]. Neque dissimiliter 279 διευθύνοντος σκῆπτρα et 956 γέροντος Συμεὼν pro correptionibus ante duplices consonantes haberi possunt[112].

5) Hiatus

Apud Vassis aliquot versus in quibus post δι' vocalis invenitur, memorantur: est autem antiquioris usus imitatio, neque heic de hiatu agi videtur[113]. Versu autem 515 αὖ Ἄμαξαν hiatum non haberi recte disputat Vassis ad loc.; cf. etiam Lauxtermann[114], Sternbach ad Nic. Call. 18.5 (= 17.5 Romano), Conca 1990, 21 n. 35[115].

6) Synizesis

Nomen proprium Ἰουστινιανός a Lauxtermann et Vassis memoratur[116].

7) Elisio

Byzantini poetae in dodecasyllabis contexendis in universum elisione parce restricteque utebantur. Constantinus autem eam affatim usurpat, neque solum coniunctiones vel pronomina, sed etiam nomina atque verba elidit. Hoc autem Lauxtermann propter vim atque auctoritatem hexametri, in quo versus genere elisio apud Byzantinos quoque saepissime occurrit, factum esse contendit, quod quidem nobis persuasum est[117]. Qua in re unum Homerum, quem Byzantinos in hexametris concinnandis ceteroqui imitatos esse omnes norunt, Constantinum pro exemplo habuisse probabile videtur: quamvis enim eius ecphrasis ecclesiae Ss. Apostolorum cum Pauli Silentiarii descriptione S. Sophiae,

111 Correptio ante ζ consonam (< σδ) ei similis est, quae ante σ + cons. fit (cf. Sjölund 1938, 25).

112 Confer insuper ea, quae supra disputavimus: XXVI.

113 Vassis 2012, 12 n. 33.

114 Lauxtermann 2019, 298.

115 Quorum exemplis addatur Theod. Prodr. Rhod. et Dos. 3.450 φεῦ ἐξ Marc., 4.243 etc. διφρεῦ ἅρματος, 5.422 βασιλεῦ ἀλικράτορ, Nic. Eug. Dros. et Char. 5.182 Conca αὖ ἀληθές, Ephraem Aen. 1035 αὖ ὑπαχθεὶς, 1157 φεῦ αἱρέσει.

116 Lauxtermann 2019, 294 et Vassis 2012, 11 n. 29.

117 Lauxtermann 2019, 298.

quam Constantinus ipse in codice P exaravit, aperte certet, Nonniani qui vocitantur poetae, quorum unus etiam Silentiarius fuit, elisionem nominum pronominum verborum non admittebant[118]. Ne praetereatur tamen etiam in Scopticis, in quibus Constantinum praecipue Aristophanem imitatum esse iam diximus, nonnumquam has elisiones inveniri: ex quo sequitur hunc usum non tantum carmine longiore circumscribi. Porro animadvertendum est numerum elisionum maiorem in eis partibus carminis esse, quae pathetica quadam vi afficiuntur, velut in lamentatione Mariae et versibus qui eam antecedunt (938–981): ex quibus sumere possis Constantinum elisionem pathetici dicendi generis proprium esse existimasse. Vassis elisiones, quae in carmine occurrunt, probe collegit[119]; eas nos quoque infra afferimus, exceptis δ', τ', γ', οὐδ' (οὔτ'), μήτ' (μηδ'), κ' (ο χ').

S. Ap. 3 τόδ', 15 δι' οὗ, 22 κατάρχετ', 45 χεῖρ', 57 τῇδ', 58 ποτ', 81 ἵν', 82 μήποτ', 129 ὅτ', 155 χεῖρ', 211 ἀλλ', 275 ἐπ', 299 ἀλλ', 309 ἀλλ', 341 τέρπετ', 346 ἀσπάζετ', 362 μετ', 367 χεῖρ', 368 στῆθ', 414 δι', 432 ἀλλ', 435 παρ', 455 ἔνθ', 456 ἀνίστατ', 466 δι', 467 δι', 499 μήποτ', 529 ἀλλ', 532 θαύματ', 533 τῷδ', 534 ἀλλ', 550 εἴτ' (bis), 556 εἴτ', 559 κατ', 563 κατ', 577 δι', 611 κἄπειτ', 617 εἶθ', ibid. ὑψόσ' [e coniectura], 620 καθ', 640 εἶτ' (bis), 685 ἀλλ', ibid. πάντοτ', 704 δι', 800 δι', 859 τόδ', 871 ἀλλ', 900 ἀλλ', 912 ἀλλ', 919 δι', 939 σπέρμ', 941 ταῦθ', 946 τόδ', 956 ταῦθ', 961 ᾗσ', 964 μήποτ', 972 ἀβάλ', 974 πότ', 976 πότ'.

8) De accentibus et caesuris

De usu accentuum in codicibus, quibus carmen de Ss. Apostolis et Scoptica poemata tradita sunt, infra (VIII.3) dicemus. Videbimus enim in codice maioris carminis (A) in enclitico τε accentum poni non solum quum hanc particulam properispomena verba, sed etiam paroxytona et perispomena, antecedant: in illo autem capite exempla singillatim enumerabimus. Nunc vero hoc praemittendum est: iuxta enim praeceptum illud, quod lex Hilberg-Maas appellatur, oxytonon ante B7 minime

118 De Stefani 2011, XXXVII–XXXVIII. At serae antiquitatis epigrammatum auctores in elisionibus admittendis liberiores erant (cf. De Stefani 2018, 299–302).

119 P. 12 n. 34.

gratum fuisse notum est: ex quo sequitur, accentuum usum codicis A semper servari nequiri, quum is plus una Byzantinorum rei metricae alienus sit. Namque si eius accentus servaremus, in his versibus oxytona ante B7 haberemus:

209 καὶ βαρβάρων Σκυθῶν τὲ; 257 λοιπῶν ἀγαλμάτων τὲ, 259 ἐν τῷ Στρατηγίῳ τὲ, 340 ψυχὴν κατευνάζει τὲ, 483 ἐξ Ἑλλάδος Λουκᾶν τὲ, 490 τοῦ τ' Ανδρέου Λουκᾶ τὲ, 565 τοὺς τὴν μέσην σφαῖραν τὲ, 571 πρὸς ἀντολὴν δύσιν τὲ, 699 ὧς εἰσὶν εὐπρεπεῖς τὲ, 712 ὡς ἂν νεωκόρους τὲ.

Non itaque casu fit, ut nonnumquam accentus desit, quasi librarius animadverterit, eum ante B7 positum rei metricae pugnare:

231 τὸν αὐχένα προύχειν τε, 626 πλὴν τὴν μέσην προύχειν τε, 730 καρποῖσιν ὡραίοις τε.

Ceterum duobus in versibus propter traditum accentum enclisis post caesuram haberetur, quod prorsus contra rem metricam est[120]. Recte itaque hi duo accentus a Ioanne Vassis (post v.d. Paulum Maas) correcti sunt:

224 ὡς ἐκ μάχης ἥκοντά πως [ἥκοντα πὼς Vassis]; 245 τήν τε γραφὴν ἄριστά πως [ἄριστα πὼς Vassis].

Propter autem accentum voculae τε, quo eam in codice A ubique fere instructam esse modo diximus, numerus proparoxytonorum ante B5 ideo minui possit, quia quum paroxytona + particula τε accentu instructa ante B5 posita sint, continuo oxytona pro proparoxytonis ante B5 haberemus. Hoc itaque consilio particula τε accentu instructa, quum paroxytona praecedant, in Nicolai Calliclis carminibus edendis usus est magnus ille Leo Sternbach[121]. Alienum autem videatur, accentum in vocula τε ante B5 utique ponendum esse, quum idem ante B7 detrahendus sit. Porro, Constantino non curae fuisse ut oxytona ante B5 vitarentur magnus eorum numerus demonstrat: aliter sane Nicolaum Calliclem versus composuisse apparet. Utcumque res se habet,

120 Lauxtermann 2019, 315–316.
121 Sternbach 1903, 6 n. 1.

viro doctissimo Sternbach hac in re non necessario adstipulandum, ut nuper Lauxtermann recte autumavit[122]. Neque aliter de εἰμί iudicandum, quod in A encliticum est: nam si accentum reciperet, aliquot proparoxytona ante B5 evanescerent quidem, at Constantinus, sicut diximus, ea non studet vitare[123].

Caesuras has numeravimus: B5: 684 (70%); B7: 297 (30%). Ceterum hi sunt accentus ante caesuras B5 et B7:

ante B5: oxytona/perispomena: 243 (35%)
paroxytona/properispomena: 321 (47%)
proparoxytona: 120 (17%).

ante B7: oxytona/perispomena: 10 (3,3%)[124]
paroxytona/properispomena: 83 (28%)
proparoxytona: 204 (68,6 %)

Versus praeterea eadem instructi caesura haud raro una congregantur. Hoc vero, quod quidem etiam apud alios auctores observatur, maxime in iis versibus fit, in quibus verba proparoxytona tertiae singularis ante B7 (106–107 κατεσπάραξε … / … ἐφλόγιζε; 905–906 ὅλην ἀπεπλήρωσε … / ὅλην κατεσκεύασε) vel nomina neutra tertiae declinationis (181–186 ὑποστήριγμα … / … σχῆμα ⟨…⟩ τέχνασμα) occurrunt. Nec non et homoeoteleuta inveniuntur, velut 30–31 (καὶ φαιδρότησι … / ναῶν τε λαμπρότησιν)[125], quae saepe propter eandem caesuram, qua instructa sunt, maxime patent (B7, 270–271: ἐξέχοντι … / … ὑπερφέροντι; 278–279

122 Lauxtermann 2019, 312–313.

123 Cf. infra, LII.

124 Uno tantum in versu oxytonon ante B7 procul dubio habetur, hoc est versu 912, quum caesura B5 careat: non itaque heic haerere possis, quae caesura eligenda sit. Alii quoque versus dubitatione paene carent: v. 203 (κλεινός cum Ἀρκαδίος conexum est), 211 (θαῦμα κρυπτόν simul intelligenda), 437 (λόφος τίς ἐστι μακρὸς αὐχένος δίκην: ante αὐχένος δίκην pausa habetur), 660 (Ἀκυτανῆς τε πλακὸς ἠγλαϊσμένης), v. 797 (πατρός artius cum φωνῆς conexum est, quam ut caesura ante statuenda sit), v. 893 (θυμόν cum πνεούσας arte conexum est), 927 (σταυρὸν φέροντα Χριστὸν || ἐκτεταμένον), fortasse etiam 934 (κρεμάμενόν τε νεκρὸν || ἐν σταυροῦ ξύλῳ) et 941 (καὶ ταῦθ’ ὁρώσης μητρὸς ἁγνῆς παρθένου: post μητρός comma intelligendum est).

125 Cf. ceterum v. 498 καὶ σχ<u>ῆμα</u> καὶ πρόβλ<u>ημα</u> χ’ ὕψ<u>ωμα</u> ξένον (ad cola quae crescentia appellantur, cf. 573 ἤγειρεν, ἐξέτεινεν, ἥπλωσε⟨ν⟩ μέγαν).

Λέοντος ... / ... διευθύνοντος; 356–357 ἐπλάσθησαν ... / ... συνηθροίσθησαν; 508–509 λέοντας ... / ... δράκοντας). Versus denique 931–934 eandem caesuram (B5) una cum homoeoteleuto ad contentionem animi augendam videlicet habent, nec dissimiliter eadem caesura (B5) et anaphora in 965–967 idem officium implent.

9) diaeresis

Apud poetas nunc finis verborum post quartum elementum (D4) una cum caesura B7, nunc vero post octavum elementum (D8) cum caesura B5 non semel observantur: quod quidem diaeresis optime appellatum est[126]. Eiusmodi versus apud Constantinum admodum crebri sunt. Probabile quidem est, hoc plerumque praeter poetae voluntatem atque consilium factum esse, quum ipsa verborum prosodia eum cogeret ut ea in certam atque definitam versus sedem poneret: habent quidem tales versus aliquid roboris et significantiae, quod diaeresi augetur[127].

126 Ita enim Lauxtermann 2019, 361 hanc finem verborum appellavit.

127 Exempli gratia, in versu 4 *σύνταγμα φαιδρὸν* | *εὐφυῶς* | *πεπλεγμένον* caesura B5 atque diaeresis D8 adverbium a ceteris verbis quodammodo segregant eoque amplificant: hoc autem pluries fit (v. 10 καὶ καλῶς, v. 158 δυσσεβῶς, 165 ἐνδίκως, 214 εὐκόλως, 217 ὑψόθεν, 260 πανταχοῦ, 276 εὐλαβῶς, 300 προσφυῶς, 317 εὐφυῶς, 549 πανσόφως, 566 ἀσφαλῶς, 569 σταυρικῶς, 583 τεχνικῶς, 635 εὐπρεπῶς, 677–8 ἰσχυρῶς ... ἀσφαλῶς, 822 βροντηδόν, 827 μηδαμῶς, 865 συμπαθῶς) – quae adverbia saepe inter B5 et D8 habentur. Neque raro diaeresis nomina propria, praesertim inlustrium virorum, in lucem profert (v. 43 = 366 Ἰουστινιανὸν | ἐκεῖνον | ἄνδρα τὸν μέγαν, 108 ὅταν Λέων | κατῆρχεν, | ὁ πρώην ἄναξ, 278 Κωνσταντίνου | Λέοντος | υἱοῦ τοῦ πάνυ, 302 ἅπερ Θεὸς | φύτευσεν | ἐν σῇ καρδίᾳ, 419 Κωνσταντίνῳ | Λέοντος | υἱῷ πανσόφου [Lauxtermann, loc. cit.], 490 τοῦ τ' Ἀνδρέου | Λουκᾶ τε | καὶ Τιμοθέου, 760 τὸ δεύτερον δὲ | Βηθλεὲμ | καὶ τὸ σπέος, 914 καὶ Λάζαρον | πτωχόν με | δεῖξον ἐν βίῳ), non secus ac eorum epitheta (v. 71 σύ, Χριστέ, κόσμου | βασιλεὺς | καὶ δεσπότης). Neque dissimiliter cum adiectivis fit, quae ad eorum nomina referuntur: v. 150: ἀλλ' ὁ κράτιστος | καὶ σοφὸς | Κωνσταντῖνος, 280 εὐτυχοῦς, 286 εὐσεβής, 307 ὁ θρασύς, 309 οὐδ' ὡς Σολομὼν | ὁ κρατὺς | καταστέφει, 354 πανσόφους, 403 εὐλάλους, 422 ἀσφαλεῖς, 427 πανσόφῳ, 435 ἀθλίων, 602 κυβικόν, 632 ἐμπύρων, 969 πέτρινον).

10) Paroxytonesis

Nobilis haec regula quater infringitur, sicut iam Vassis viderat: vv. 394, 399, 479 e 809[128]. Quorum in duobus proparoxytonon in exitu versus caesuram B7 comitatur, quod quidem in universum iniucundum sonabat (394, 479)[129]; hi duo vero versus dimidium versuum omnium efficiunt, qui proparoxytonon in exitu exhibent: ex quo colligi possit, praeceptum illud Constantino non cordi fuisse – proparoxytonon enim post B7 in exitu versus praesertim Pisida aliique poetae Byzantini fastidibant, non videlicet omnes.

Scoptica (Constantini)

Scoptici versus Constantini sunt 191; quibusdam eius poematis respondet Theodorus Paphlago, cuius versus 23 sunt. Scopticorum autem peculiare dicendi genus hoc efficit, ut nonnumquam difficile sit, rem metricam eorum diiudicare: maxima praesertim difficultas in caesuris inveniendis (vide 7) habetur. In universum Constantini Scoptici versus et carmen de Ss. Apostolis multa inter se communia habent: ambo enim prosodiae errores atque elisiones plurimas exhibent. Hoc propter fortasse Constantinus a Theodoro κακόν ... τῶν ἰάμβων ἐργάτην (14.6) appellari meruit: si eos vero inter se comparamus, quantum sane Theodori pauci versus sinunt, hic perpolitus quidem, quantum ad rem metricam, sed frigidus plerumque et celeritate ingenii omnino destitutus esse videtur[130]; contra Constantinus facetus, antiquorum poetarum cognitione imbutus et maxime ingeniosus instar fluvii ruentis decurrit. Quod vero ad elisiones attinet, quum Rhodius in carmine de Ss. Apostolis in hac re maxime Homeri vestigia premat, heic potius Aristophanem sequi videtur.

1) prosodici errores

1.3 πέφυκας, 1.20 -βολο-, 1.24 -σκανδα-, 2.7 ὀλυμπιονίκαις, 5.16 ἔστησας, 6.12 γλυκεραί, 6.19 νηδὺν, 9.9 γράφε.

128 Vassis 2012, 11.

129 Lauxtermann 2019, 341–342.

130 Flos unus non trivialis habendus: 14.7 ῥόδαξ = Ῥόδιος.

2) exitus verborum quos parum recte metitur poeta

In 6.17 ὕδρας, exitus -ας pro brevi valet.

3) Nomina propria

13.26 Σοδόμων, 13.29 Κυβέλης.

4) Muta + Liquida

In 1.15 -βλ- in βλασφημο- syllabam quae praecedit non producit. Syllaba ante ζ in: 1.8 πλαστιγγοζυγο-, 2.39 γρυλλίζων brevis habetur. Positionem non facit ψ in 13.19 βλέψοις[131].

5) hiatus/synizesis

Nonnullis in compositis vocales breves duorum thematum ita concurrunt, ut utraque earum pro syllaba habeatur, neque synizesis fiat: 1.10 -χανδοεκπότα, 1.19 -λωποεκδύτα, 1.28 -καρδιηπατο-. In 2.17 -οστρεο- aeque synizesis non fit.

6) elisio

Praeter verborum et particularum elisiones velut ἀλλ', τ', δ', haec elisiones potissimum dignae sunt, quae enumerentur: 2.34 τρῶγ', 2.35 γαστέρ', 3.1 εὑρεθήσεθ', 3.2 καθ', 5.24 εἶτ', 6.21 εὕδοντ', 7.4 εἶν', 9.1 τοῦτ', 9.9 ταῦθ', 13.20 ἵν'.

7) accentus et caesurae

Versus uno ex verbo composito constantes hinc procul habendi sunt, quum finis verborum nusquam fiat. Quod si conaremur, his in versibus aliquam saltem caesuram dispicere, hoc plane impossibile esset. Quum enim saepe exitus thematum cum caesuris congruerent, prorsus nesciremus utrum caesura B5 an B7 deligenda esset: cf. exempli gratia 1.6 ὀρνιθοχηνονηττοπερδικοπράτα: utram in syllabam, hoc est utrum post

131 Cf. Lauxtermann 2019, 279.

-χηνο- an post -νηττο- caesura caderet, non prorsus liqueret. Tales itaque versus non computabuntur. Sunt praeterea versus nonnulli, qui uno ex verbo non constant sane, sed in eis quoque vocabulum longioris ambitus obstat, quominus intelligamus quam in syllabam cadat caesura, velut 2.28 ὦ βυρσοδεψοπαφλαγὼν κακὸν τέρας (ubi fortasse leve intervallum post βυρσοδεψο- subintelligendumst). Versibus itaque 38 omissis, in quibus, propter magnitudinem compositorum quae in eis inveniuntur, caesura nulla habenda est, numerum efficimus 153 versuum, qui inspici atque aestimari possunt. Versus qui caesuram B5 exhibent 107 sunt (70%), ii autem in quos caesura B7 incidit 46 (30%). Quos omnes hoc modo partire possumus:

B5
oxytona/perispomena 43
paroxytona/properispomena 45
proparoxytona 19
B7
oxytona/perispomena 3
paroxytona/properispomena 9
proparoxytona 34

8) diaeresis

Ut in carmine longiore, ita in Scopticis diaeresis hoc officio fungitur, ut quaedam verba vel notio confirmentur[132].

132 Exempli gratia, in ipso carmine 1.1 diaeresis epitheton, quod ad nomen Choerosphacten refert, in luce collocat, quasi titulus poematis esset: Αλλ' ὡς μακελλεὺς | *καὶ σφαγεὺς* | χοίρων πέλων (idem 2.37 ἀλλ' ὡς συὸς | γέννημα, | γρυλλίζειν μάθε); apostropham porro, quae diaeresi amplificatur, habes in versu 13.2 ὦ Παφλαγὼν | νήκουστε | τῆς Μουσῶν λύρας. Non secus ac in maiore carmine, diaeresis vim adverbiorum auget: 5.7 οὐ *σκωπτικῶς* | προσεῖπον | ἄσχετον λόγον, 5.5 ὑψόθεν, 6.13 ἀφθόνως, 7.3 παντελῶς, 13.8 προσφυῶς, (adverbii instar 5.26 *οὐδ' εἰς ὄναρ* | τὸ μέτρον | ἔδρακες στίχων). Neque dissimiliter etiam in Scopticis per diaeresin versus aequabiliter in tres partes dividitur: 13.23 ἐν οἷς παθαίνῃ | καὶ σπαθᾷς | τῷ βορβόρῳ.

9) paroxytonesis

exceptionem unam invenimus: 2.2 κομψεύμασιν. In exitu vero versus 2.12 codex Urbinas ὁρμάθῳ tradit, qua quidem lectione paroxytonesis servatur: at una cum Matranga corrigere maluimus (cf. Orthographica), habemus itaque perispomenon in exitu versus.

Scoptica (Theodori Paphlagonis)

Theodori 23 versus prae paucitate vix sinunt, eius in re metrica existimari peritiam. Animadvertendum autem est, eis prosodiae vitia nulla inesse; quin immo in διχρόνοις versui aptandis nihil invenitur, quod ab antiquo poeta scribi non potuit. Etiam in elisionibus admittendis eunuchus tam parcus est, ut eius versiculi vix exempla earum exhibeant. Habemus itaque a Constantino prorsus diversum poetam, qui a doctis quidem iocis abstinuit, quibus Rhodius sua dicta ornavit, sed prosodicis in rebus perfectior atque accuratior fuit. In caesuris tantum Theodorus Constantino simillimus fuit, quum apud eum quoque magnus numerus caesurarum B7 inveniatur: 8 (34%).

Appendices

Etiam in Appendicibus, quorum I–III fortasse Constantino tribuendae, IV–V ab eo certe compositae sunt, numerus caesurarum B7 magnus admodum est, quod in poeta saeculi X minime mirandum est. Errores in nominibus propriis passim inveniuntur, qui ad genus dicendi existimandum nullius momenti sunt. In appendice I elisiones, quibus Constantinus, ut vidimus, saepissime utitur, desiderantur. Quod denique caesura B5 in III, siquidem revera hic textus a Constantino compositus est, multo praevalet, id forsitan ea ratione factum sit, quod poeta antiquitatis quendam colorem versibus addere voluerit, quum publicam et sollemnem inscriptionem componeret. En rem metricam Appendicum, hexametricis versibus exceptis (IV 1 et V 3):

1) Prosodiae errores

I 4 θρυλλούμενος; I 5 ὁ; I 10 τὸ;

2) Nomina propria

I 5 Μαυσώλου; I 7 Ἐφεσίας; I 9 Μαυσώλου; III 2 Κωνσταντῖνος, IV (AP XV 16.4) Κωνσταντῖνος

3) elisiones

IV (AP XV 17.3) ἵν'; V 1 πάντ'; V 2) 1 πάντ', 5 κύφων'

7) caesurae

I. B5: 6 (46%), B7: 7 (53%); III. B5: 5, B7: 1; IV B5: 6, B7: 7; V. B5: 3, B7: 4.

8) diaeresis

In App. I duo versus inveniuntur, in quibus caesura et diaeresis se invicem afficiunt, quemadmodum apud Constantinum versus eiusdem notae passim leguntur: I 9–10 ἡ Μαυσώλου | τάλαινα | σύζυγος πάλαι / καὶ τὸ θέατρον | Λυκίας | τῆς τῶν Μύρων.

VIII. DE HUIUS EDITIONIS ORTHOGRAPHIA

1. De -ν ἐφελκυστικοῦ usu atque ratione

In carmine ecphrastico edendo Begleri et Vassis saepissime -ν ἐφελκυστικόν metri causa inseruere. Huius rei non pauca exempla sunt:

1) 92 ἔστι⟨ν⟩ (Begleri), 124 κίοσί⟨ν⟩ (Vassis), 152 παισί⟨ν⟩ (Begleri), 264 δυσὶ⟨ν⟩ (Vassis), 407 ποσὶ⟨ν⟩ (Vassis), 459 τρισὶ⟨ν⟩ ... δυσὶ⟨ν⟩ (Vassis), 505 κρείττοσι⟨ν⟩ (Vassis), 591 τέτρασι⟨ν⟩ (Vassis), 728 ἄνθεσι⟨ν⟩ (Vassis); 937 αἵμασι⟨ν⟩ (Vassis);

2) 55 ἤγειρε⟨ν⟩ Κωνσταντῖνος (Vassis), 61 ἥρπασε⟨ν⟩ Ῥώμης (Begleri), 66 ἐπύργωσε⟨ν⟩ πόλιν (Begleri), 184 ἤγειρε⟨ν⟩ μέγας (Begleri), 203 ἵδρυσε⟨ν⟩ πάλαι (Begleri), 355 ἤγειρε⟨ν⟩ τάδε (Begleri), 374 ἥπλωσε⟨ν⟩ χέρας (Vassis), 377 ἤνεγκε⟨ν⟩ βίος (Begleri), 427 δῶκε⟨ν⟩ δ' ἄνακτι (Vassis), 500 ἄθρησε⟨ν⟩ τόσον (Begleri), 573 ἥπλωσε⟨ν⟩ μέγαν (Begleri), 591 ἔστησε⟨ν⟩

βάσεις (Begleri), 777 ἐξεφώνησε⟨ν⟩ πάλαι (Begleri), 919 ἤμβλυνε⟨ν⟩ μόρον (Begleri).

Haec autem exempla in duo genera divisimus, quia revera duplicis generis sunt: **1)** -ν ἐφελκυστικόν vocali -ι additum est, quibus in exemplis de dativo plurali plerumque agitur[133]; **2)** -ν tertiae singulari verborum additum est, quod quidem paene semper, exceptis 55 et 427, prope exitum versus factum est. Patet Begleri -ν eo tantum consilio addidisse, ut -ε produceret, quum Vassis ubicumque versus ob rem prosodicam claudicare videbatur, -ν addiderit, qua re Legrand se abstinuit. At duo genera altius perscrutemur.

a) 1) quum «ι» vocalis δίχρονος esset, apud Byzantinos pro longa in exemplis allatis sine ullo negotio haberi poterat[134], quamvis poetae sibi probe conscii essent, antiquiores vocali «ι» in dativo plurali[135] vel in verbo ἐστί pro brevi unice usos esse; 2) etiam apud alios poetas Byzantinos, sive antiquiores sive recentiores, atque semel in ipso Constantino praeter carmen de Ss. Apostolis, -ι similiter pro longo habetur, neque libri manuscripti his in locis -ν ullum, quo syllaba brevis produceretur, addiderunt. Coniectari inde potest quantitatem longam vocalis -ι pro rei necessitate consentaneam fuisse. En exempla quae collegimus:

Pisid. Hex. 177 δυσὶ[136], 321 δυσὶ[137], 795 ἐστὶ[138], 797 ποσὶ[139], Jo. Geom. p. 276.17 Cram. δένδρεσι[140], p. 278.14 Cr. κάλλεσι[141], p. 289.24 Cr. ὄμ-

133 Huic generi v. 657 φυλλάσιν ⟨τ'⟩ addere possis, ubi particula metri causa a Vassis addita est.
134 Cf. Stilbes, De inc. M 653 ἐν λαγόσιν ἔφλεξε.
135 Quod, quum exitus verbi esset, licentiam prosodicam vix admissurum erat.
136 Ita etiam codices carminis Hexaemeron quos contulimus: Par. Suppl. Gr. 139 (XIV s.), f. 6r, Vat. Gr. 1898 (XIII–XIV s.), f. 169r.
137 Par. Suppl. Gr. 139, f. 10v.
138 Par. Suppl. Gr. 139, f. 29r, Vat. Gr. 1898, f. 185v.
139 Par. Suppl. Gr. 139, f. 29r, Vat. Gr. 1898, f. 185v.
140 Codicem illum Ioannis Geometrae contulimus: Par. Suppl. Gr. 352 (XIII s.), f. 158r.
141 Par. Suppl. Gr. 352, f. 158v.

μασι[142], p. 304.19 Cr. ἄστρασι[143], 311.15 Cr. ἄνθεσι[144], p. 313.7 Cr. δυσὶ[145], p. 321.7 σώμασι[146], p. 342.30 ἔθνεσι[147], Psell. Poem. 17.54 West. δάκρυσι[148], Nic. Eug. Dros. et Char. 2.114 Conca εἰώθασι, Epigr. TR78.20 Rhoby δυσὶ, Jo. Grass. 4.15 Gig. ἐντεύξεσι, Man. Phil. Carm. II 1.375 Miller εἰσὶ, ibid. 382 ἐστὶ, III 13.38 ἐμπτύσματι, III 13.86 M. δείκνυσι, III 14.37 M. δαίμοσι, ibid. 318 ἐλπίδι, III 133.9 M. ποικίλμασι, III 141.10 M. εἰσὶ.

Exemplum, quod nobis Urbinas suppeditavit, Scopt. 2.9 ποσὶ est. Notabis quoque nonnullis in exemplis, quae attulimus, eadem vocabula atque apud Constantinum longam quantitatem vocalis -ι exhibere (Ss. App. 92, 264, 459, Scopt. 2.9). Forsitan quidem librarius -ν ἐφελκυστικοῦ nonnumquam oblitus est: animadvertendum autem est, nonnulla exempla plus quam uno codice tradita esse: ex quo sequitur, in horum codicum antigrapho ea iam olim occurrisse, neque librarios in apographis conscribendis consona -ν syllabam producente eguisse, quum non necessaria esse videretur. Neque vero omittendumst, additum -ν volventibus annis paulatim ab uniuscuiusque poetae iudicio pendere videri, siquidem apud aliquot scriptores longa quantitas vocalis -ι in plurali dativo nusquam invenitur: quid quod ea productione Ioannes Mauropus, qui inter elegantissimos poetas fuisse recte censetur, prorsus abstinuit?[149]

b) Aliter autem res se habet de productione vocalis -ε in exitu verborum. Primum mirum est codicem A assidue atque paene constanter -ν omisisse. Illud vel magis mirum est, omnia fere exempla in eadem versus sede inveniri. Quum enim omnes conveniant, Constantinum aliquo-

142 Par. Suppl. Gr. 352, f. 161r.
143 Par. Suppl. Gr. 352, f. 164v.
144 Par. Suppl. Gr. 352, f. 166r.
145 Par. Suppl. Gr. 352, f. 166v.
146 Par. Suppl. Gr. 352, f. 168r.
147 Par. Suppl. Gr. 352, f. 173v.
148 Ita enim Par. Suppl. Gr. 690 (s. XI ex.), f. 70v atque Vat. Gr. 1276 (XIV s.), f. 55v, quos contulimus.
149 Apud Ioannem Mauropum, nobilis codex Vat. Gr. 676 (XI s.) consonam -ν his in locis exhibet: 27.6 Lag. ἄνθεσιν (f. 10r), 54.117 τρισὶν (f. 26r), 89.3 σώφροσιν (f. 34v), 89.32 ἄνθεσιν (f. 35r).

tiens prosodiam violasse, velut in versu 41 τῇδε πόλει = 357 τῇδε πόλει, quaenam differentia, quaesumus, inter hos duo versuum exitus et 203 ἵδρυσε πάλαι exsistit? Nulla sane, nisi hoc tantum excipias, ἵδρυσε illud -ν recipere potuisse. Adde quod in versu 777 ἐξεφώνησε πάλαι illud -ε non solum eadem versus sede ac 203 ἵδρυσε πάλαι invenitur, sed etiam eodem vocabulo, hoc est πάλαι, comitante. Quis hoc casu evenisse dixerit? An concedendum, Constantinum in versu 41 τῇδε πόλει contra rem metricam scripsisse, versu vero 203 ἵδρυσε πάλαι recte consonam -ν addidisse?

Porro, in versu 61 ἥρπασε Ῥώμης iuxta rem metricam poetarum Graecorum antiquorum syllaba -ε longa fieri potest – quamquam vir doctissimus Begleri ipsa antiquorum principia secutus -ν ei addidit! Namque nonnumquam in trimetro quoque poetarum Atticorum – non tantum apud epicos, quos penes hoc saepissime fieri inter omnes constat – syllaba vocali terminata ante ῥ- posita producitur: cf. Soph. OT 847 εἰς ἐμὲ ῥέπον (vide Finglass ad loc.), Ant. 318 τί δὲ ῥυθμίζεις. De syllaba ante nasalem posita (hoc est 184 ἤγειρε μέγας e 573 ἥπλωσε μέγαν) idem dici possit, quum Byzantini facultatem vocalem producendi, quae etiam nasalibus inesse videbatur, probe nossent[150]. Denique duobus in versibus Georgii Pisidae, quem Constantinum, ut par erat, ex eius imitationibus studiose legisse patet, eadem productio invenitur:

Pisid. Sev. 527 et 530 (exitus versus) συντετήρηκε φύσιν[151], 551 εἴασε καὶ συστρέφει[152].

Ex autem sequioribus poetis haec invenimus: Jo. Geom. Pant. 486 Sternbach ἔδρασε φίλοι (fine versus), 671 εἷλε δὲ τάρβος, etc. (et potissimum Sternbach ad v. 100), Epigr. IT23.9 Rhoby (a. 1198) ἐκάλλυνε δὲ τὴν φύσιν.

Hactenus rationes exposuimus, quibus contendi potest, exitum versuum, quos attulimus, consona -ν addenda non egere. Videamus autem, num aliis rationibus auditis -ν illud potius addendum esse videatur. Utitur enim Constantinus consona -ν praecipue ad hiatum vitan-

150 Rzach 1879 potissimum adeundus.

151 Ita etiam serus Barb. Gr. 279 (XVII s.), f. 11r–v (Vat. Gr. 1126 hoc enim loco caret).

152 Barb. Gr. 279, f. 11v.

dum[153] vel ubi pausa fit[154], raro autem eo consilio, ut per eam syllabae producantur, duobus versibus exceptis, de quibus mox dicturi sumus. Praeterea, consona -ν syllabam finalem aliquorum adverbiorum producit, quae sine -ν finali Graeco sermone inveniuntur quidem, at raro, ita ut consona -ν pars vocabuli naturaliter esse videatur: 217 ὑψόθεν, 319 e 448 ἔνδοθεν, 351 ἔξωθεν, 355 et 688 πόθεν, 555 πάντοθεν[155]. At duo exceptiones exsistunt, quorum altera maioris momenti est. En duo loci, in quibus -ν non ideo, ut hiatus vitaretur, additum est:

1) 547 συντεθείκασιν λόγων (ubi quidem, propter δίχρονον -ι-, exitus verbi consona -ν non eguisset). Constantinus alibi etiam formis consonae -ν expertis utitur (598 ἐσχήκασι): non itaque probabile videtur, exitum verbi -ασιν potius quam -ασι(ν) videri; **2)** 862 ἔγραψεν δόμῳ.

Quum uno in versu 862 -ν consona, atque adeo in exitu versus, ubi pleraque exempla eiusdem generis occurrere nuper vidimus, syllabam quae antecedit producat, suspicari liceret librarium -ν verbo ἔγραψε hoc ipso ex consilio addidisse, Constantinum autem pro more suo hanc consonam omisisse. At res non ita se habere videtur. Inveniuntur enim in hoc carmine versus, in quibus monosyllabum idcirco additum est, ut praecedentem syllabam produceret, idque in exitu versus nonnumquam fit. En exempla:

218 (in fine versus) καὶ πλάτος θ' ὅσον φέρει, 671 ἃς εἰς πάτον γ' ἔστρωσαν, 952 (in fine versus) καὶ θρόνος τ' ἐπηρμένος[156].

Iure igitur ab editoribus aliis in versibus eiusmodi monosyllaba eodem consilio addita sunt:

135 καὶ τόν ⟨τ'⟩ Ἀπόλλω, 168 κίονός ⟨τ'⟩ ἐπηρμένος, 200 καλός ⟨τ'⟩ ἀπαρκτίας, 857 τόν ⟨γ'⟩ ἑαυτῆς δεσπότην.

153 105 ἠνθράκωσεν, 120 περιστέφουσιν, 147 πλάναισιν, 194 προσφυσῶσιν, etc.

154 Cf. 117 φάγεν.

155 Animadvertas tamen 698 κύκλωθ(ε).

156 E καὶ in versibus 218 e 952 aperte patet, sensum loci coniunctione τε non egere, quae igitur eo addita est, ut syllabam produceret.

His de caussis, dativis pluralibus et in versu 92 verbo ἔστι consonam -ν non addendam esse censuimus; in verbis vero, quae vocali -ε terminantur, consonam cum Vassis atque Begleri supplevimus. Scimus quidem, sententiam dimidiatam neminem iuvare solere: quum vero sciamus, in **a)** vocalem -ι sive longam sive brevem pro rei necessitate haberi posse, eam consona -ν non egere putavimus; ubi vero verbum vocali -ε terminatur (**b**), non sine rei metricae iactura consona omittenda erat.

2. De Crasi

Quod ad crasin signandam attinet[157], orthographiam manuscriptorum A et U exscripsimus, recentissimum editorem carminis De Ss. Apostolis Ioannem Vassis secuti. Codex autem A, qui longius carmen transmisit, in hac re valde incongruens est: exhibet enim τοὐμοῦ quidem, sed τ' ἔργα, non τἄργα; καὶ ἐγὼ constanter κἀγὼ scriptum est, sed crasis verborum καὶ ἔξωθεν ita signavit: κ' ἔξωθεν. En indicem absolutum carminis De Ss. Apostolis (A):

v. 28 τοὐμοῦ; 89 τ' ἔργα; v. 202 καὐτὸς; v. 216 κἀγὼ; v. 262 τ' ὄμμα; v. 335 χ' ὥσπερ; v. 351 κ' ἔξωθεν; v. 378 χ' ὢν; v. 383 κἀν; v. 411 κἀγὼ; v. 456 κ' ἐμφανέστατος; v. 497 καὖθις (ut vid.); v. 498 χ' ὕψωμα; v. 551 τοὖργον; v. 611 κἄπειτ'; v. 648 χ' Ἐυρώπης [corr. Legrand]; v. 654 χ' Ἑλλάδος; v. 669 κἀκ; v. 688 κἀκ; v. 723 κἀν; v. 743 τοὔνδοθεν; v. 757 κἀκεῖνον; v. 821 κἂν; v. 831 καὖθις; v. 865 κἀν; v. 866 κ' ἐσπουδασμένως; v. 878 κἀμπεμπολητὴν [corr. Legrand]; v. 886 κἀμπεμπολοῦντα [corr. Legrand]; v. 892 τὄμμα; v. 937 χ' αἵμασι; v. 954 κἀτελευτήτων.

En indicem e manuscripto U (Scoptica):

2, v. 31 καὐτῆς; 6, v. 2 τοῦ μου [corr. Matranga]; 9, v. 4 κοὐκ; 14, v. 2 κἀφρόνως.

157 Cf. Lauxtermann 2019, 295–296.

3. Qua ratione encliticorum accentus in codicibus A, U, P (= Heid. Pal. Gr. 23 + Par. Gr. suppl. 384) traditus sit

Constantini Rhodii in ponendis encliticorum accentibus usus e carminum eius codicibus quam maxime accurate dignosci potest. Duo nam sunt potissimum praefanda. Primum, et carmen De Ss. Apostolis, et Scopticorum poemata, et eius epigrammata uno codice tradita sunt, quod quidem non rarissimum est multisque aliis auctoribus proprium est. Alterum vero multo rarius graviusque est: epigrammata enim Constantinus suapte manu exaravit (ne dicamus de iis partibus codicis P, quae aliorum poetarum carmina continent, pariterque a librario J, hoc est ab ipso Constantino, scriptae sunt)[158]. Quo fit, ut hoc codice freti orthographiam ab ipso Constantino in versibus exarandis adhibitam cognoscere possimus, eamque cum illa, quae e codicibus A et U apparet, comparare.

Dicendum est usui codicis A cum Constantini ipsius, quum sua epigrammata in codice P exaraverit, similitudinem quandam esse: ambo enim voculam τε post perispomenon positam accentu instruunt[159], quod in Scopticorum codice U paene numquam fit[160]. Hac colligi potest codicem A usum Constantini fidelius quam U exprimere. At cautione opus est: quibusdam enim in locis aliorum poetarum epigrammatum, quae librarius J, hoc est Constantinus, exaravit, huius accentus ratio plane diversa est (cf. Anon. AP XV 2.3 P θεσμοῖς τε, Paul. Sil. S. Soph. 339 πᾶς τε, id. 631 λευκῶι τε). His etiam addere possis quod, quum in eius epigrammatis vocula τε post paroxytonon careamus, aliorum auctorum epigrammata ad eius usum cognoscendum adhibere possumus: in quibus A paene semper encliticae τε accentum praebet (exempli gratia φόβον τὲ, etc.), P autem aliter se gerit: cf. Leo Phil. AP XV 12.9: Σειρήνων τε, Anacreont. 14.26: Βακτρίων τε[161]. At de usu codicis A singillatim videamus.

158 Quamquam concedendum est, in eis poematis, quae Rhodius in Cephala invenerat (praeter itaque librum XV Anthologiae, quem ipse collegerat et partim composuerat), eum exemplaris accentuum rationem sequi potuisse.

159 Ceterum hoc haud raro in codicibus fit, cf. Noret 1998, 517.

160 Una tantum quidem observatur.

161 Apud Anacreont. 33.20 P παλάμας [παλάμαις corr. Boissonade] τὲ καὶ exhibet sane, sed τε ante καί in libris manuscriptis accentum semper paene recipit (Noret 1998, 517).

a) Codex A (De Ss. Apostolis carmen)

γε
Semper encliticum est[162]; cf. v. 102 οὖν γε, v. 153 αὖγε, v. 315 τυχών γε [corr. τύχω γε], v. 392 αὖγε, v. 493 τριῶν γε, v. 519 τόν γ', v. 597 χωρίς γ', v. 647 σχηδόν γε, v. 671 πάτον γ', v. 751 οὖν γε, v. 926 βλέπων γε, v. 949 μόνον γε, v. 977 σός γ'.

εἰμί, ἐστί
In versu 382 εἰμί in codice A encliticum est atque ante B5 habetur: ἔκθαμβός εἰμι. Verbum encliticum servavimus, id est hoc accentu, ἔκθαμβος εἰμί, abstinuimus: proparoxytonon enim ante B5 a Constantino admitti iam supra diximus[163]. ἐστί autem, excepto v. 242 ἔστ', quo in loco accentus elisioni debetur, semper encliticum est. Animadvertas licet versum 83 οὗπερ πρόδηλός, ubi ἐστιν quum encliticum sit, oxytonon ante B7 a versu expellitur.
v. 83 πρόδηλός ἐστι[164], v. 156 εἰκών ἐστι, v. 166 σταυρός ἐστι, v. 380 γάρ ἐστι, 437 λόφος τίς ἐστι, v. 461 γάρ ἐστιν, v. 465 γάρ ἐστι, v. 820 υἱός ἐστιν, v. 909 τοιοῦτός ἐστι.

μέν
Uno in versu (ni fallimur) vocula accentus expers est: v. 102 τοίχου μεν. In versu 270 μὲν duplici accentu gravi exaratum est.

Pronomina personalia enclitica
Haec pronomina constanter et sine ulla exceptione atona sunt: v. 272 σκοπός μοι, v. 273 ἐκτρύχουσά με, 275 πυρπολῶν μου, v. 277 σοφοῦ μου, v. 299 ἐνθέους σοι, v. 418 σοφῷ μου, v. 540 ἀναγκαῖος με, v. 545 λαλεῖν με, v. 913 νοός μου, v. 914 πτωχόν με, v. 915 πλουσίου με, v. 948 φάος μου, v. 950 γαβριήλ μοι, 951 πρός με, v. 968 θανεῖν με, v. 970 κακοῖς με, v. 971 bis αἴ με, v. 973 φάος μου, v. 978 προμηνύων μοι.

περ
Semper atonum est, atque plerumque in pronomine ὅσπερ invenitur, cf. v. 575 ὅσας περ, v. 580 οἷαπερ.

162 Cf. De Groote 2012, LXXXIII.
163 Cf. XXXIX et De Groote 2012, LXXXIV.
164 Encliticum, quum ante B7 habeatur.

που

Semper encliticum est. Cf. v. 539 παντί που (quod in πάντῃ που correctum est), v. 665 παντί που (item correctum), v. 926 πάντη που.

πως

Semper encliticum est: v. 50 ὕστερόν πως, 59 αὕτη πως v. 82 γένοιτό πως, v. 224 ἥκοντά πως[165], v. 236 ὄμμά πως, v. 245 ἄριστά πως, v. 267 αὕτη πως, v. 476 μικράν πως.

ποτε

Non encliticum est: v. 356 πῶς πότ'.

τε

Haec vocula amplissimi usus atque maximi momenti, quod ad accentum attinet, est. Est autem in codice A plerumque orthotonica, nisi oxytona praecedant vel post proparoxytonon inveniatur, cuius postrema syllaba accentum recipere solet, quo casu τε atonum est. Utque supra vidimus, τε etiam post perispomena vel paroxytona orthotonicum est.

1) Post oxytona: v. 86 χαρμονή τε, v. 152 παισί τ', v. 173 ἐχθρούς τε, v. 190 γυμνοί τ', v. 201 θρασύς τε, v. 233 ποδός τε, v. 245 τήν τε, v. 259 ἕν τε (ante correctionem), v. 262 καὶ τ' (sic, accentu gravi), v. 312 πηγή τ', v. 322 ἰδών τε, v. 337 ναούς τε, 444 οὐρανόν τε, v. 527 γονάς τε, v. 531 μητρός τ', v. 601 ἀντολήν τε, v. 655 εὐβοΐς τ', v. 692 διττούς τε, 718 τόν τ', v. 794 πατρός τ', v. 817 αὐτόν τε, v. 822 βροντηδόν ταφιγμένης (sic), v. 850 υἱὸν τὲ (accentu gravi), v. 963 γάρ τ'.

2) post paroxytona: v. 34 φόρου τὲ, v. 86 κόσμου τὲ, v. 101 κύκλου τὲ, v. 136 ἡρακλέα τὲ, v. 146 φόβον τὲ, v. 160 ὄφεις τὲ, v. 188 ζώοις τὲ, v. 193 ἄλλοί τ', v. 200 νότος τὲ, v. 208 εὐγλύπτοις τε[166], 210 πόλεις τὲ, v. 215 πάλιν τὲ, 218 πλάτος θ', v. 231 προύχειν τε[167], v. 236 ἱππότην τε, v. 241

165 Recte Vassis ἥκοντα πὼς itemque 245 ἄριστα πὼς post Maas 1903, 319 = 284 (πῶς Maas) edidit, ne oxytonon ante B7, hoc est contra legem Hilbergianam, haberetur.

166 A (recte) accentu caret, quum ante B7 sit: hoc est, legis quodammodo sibi conscius erat. Hinc itaque colligi potest, librarium tantummodo accentum post paroxytona posuisse, nisi hoc contra regulam Hilbergianam Maasianam fieret.

167 Heic etiam librarius accentum ponere supersedit, quum ante B7, veluti in versu 208, esset.

ἑβδόμην τὲ, v. 254 πύργους τὲ, v. 257 ἀγαλμάτων τὲ[168], v. 259 στρατηγίῳ τὲ[169], v. 266 γλώττας τὲ, 325 κατεπλάγη τὲ, 330 πάλιν τ', v. 340 κατευνάζει τὲ, v. 355 πόθεν τὲ, v. 403 γλώττας τὲ, v. 422 κόσμου τὲ, v. 433 κόσμου τὲ, v. 445 ὑδάτων τὲ, v. 508 ἄρκτους τὲ, v. 509 ταύρους τὲ, v. 567 τόσαις τὲ, v. 571 δύσιν τὲ, v. 572 ἄρκτον τὲ, v. 585 σκέλη τὲ, v. 604 ἴσας τ', v. 626 προΰχειν τε | δεσπόζειν θ', v. 629 εἰκόνος τὲ, v. 643 ἐπενδύσας τὲ, v. 646 λίθων τὲ, v. 648 λιβύης τὲ, v. 649 ἀσίας τὲ, v. 688 πόθεν τὲ, v. 691 ἐκφύλου τὲ, v. 711 κύκλω τὲ, v. 712 νεωκόρους τὲ, v. 716 δορυφόρους τὲ, v. 728 ἄλλοις τὲ, v. 729 ῥόδοις τὲ, v. 730 ὡραίοις τε (sine accentu), v. 733 ἐπενδύσας τὲ (ante correctionem)[170], v. 744 ὅσον τ', v. 762 βρέφος τὲ, v. 765 δόξαν τὲ, v. 767 εὐδοκίαν τὲ, v. 791 τέλος τ', v. 806 προκρίτοις τὲ, v. 811 ἡλίαν θ', v. 838 κειρίαις τὲ, v. 839 ἐσφιγμένον τὲ, v. 846 κλάδοις τὲ | βαΐοις τὲ, 851 δήμου τὲ, v. 884 ῥοπάλοις τὲ, v. 888 ἀγχόνην τὲ, v. 896 πόδες τὲ, v. 908 χρημάτων τὲ, v. 910 γνώμην θ', v. 931 χέρας τὲ, v. 932 λόγχης τὲ, v. 952 θρόνος τ'.

3) post proparoxytona: v. 122 γείτονος τ', v. 124 κίοσί τε, v. 703 κίοσί τε, v. 863 δάκρυόν τε, v. 868 διδάσκαλόν τε, v. 934 κρεμμάμενόν τε.

4) post perispomena: v. 31 ναῶν τὲ, 32 στοῶν τὲ, v. 35 σταυροῦ τὲ, v. 207 γραφαῖς τὲ, v. 209 σκυθῶν τὲ, v. 240 σκυθῶν τὲ, v. 272 πᾶς τὲ, v. 353 λαλεῖν τὲ, 389 εἰπεῖν τὲ, v. 416 σαφῶς τὲ, v. 483 λουκᾶν τὲ, v. 490 τοῦ τ' | λουκᾶ τὲ, v. 542 γεωμετρῶν τὲ, v. 564 τετρασκελεῖς τὲ, v. 579 πινσῷ τὲ, v. 595 τετρασκελεῖς τὲ, v. 606 τετρασκελεῖς τὲ, 635 εὐπρεπῶς τὲ, v. 660 ἀκυτανῆς τὲ, v. 699 εὐπρεπεῖς τὲ, v. 710 δεξιῶν τὲ, v. 725 λακαρικοῖς τὲ, v. 766 γῇ τὲ, v. 774 ποδηγετῶν τὲ, v. 810 φῶς τὲ, v. 811 μωσῆν τὲ, v. 812 εὐλαβοῦς τὲ, v. 818 θεοῦ τὲ, v. 837 οὐλαῖς τὲ, v. 890 μορφῆς τὲ, v. 933 χολῆς τὲ.

5) post properispomena: v. 89 ταῦτά τ', 218 μῆκος τὲ, 354 δεῖξαι τὲ, v. 369 μῆδοι τὲ, v. 565 σφαῖραν τὲ, 803 σῶσαι τὲ, v. 813 συνεστῶτας θ'.

τις

Quibus legibus obsecutum indefinitum pronomen in libris manuscriptis accentum recipiat, a viro doctissimo Jacobo Noret praeceptum est; cuius quidem praecepta omnia omnes probavere. Est autem has iuxta leges indefinitum pronomen plerumque encliticum, tribus excep-

168 Ante B7, itaque cave probas.

169 Ante B7.

170 Ante B7 quidem, sed γε, quod semper atonum est, exceptionem amovet.

tis, quae omnia in hoc carmine inveniuntur atque in notis explicantur[171]. Ecce codicis A accentuum usus: v. 125 δέ τις, v. 211 τί θαῦμα[172], v. 274 ἔρως τίς[173], v. 392 λαλεῖν τί[174], v. 405 δρομεύς τις, 437 λόφος τίς ἐστι, v. 457 ὥσπέρ τις, v. 500 βροτῶν τίς[175], v. 503 πεντάστεγός τις, v. 540 τίς πόθος[176], 690 ἀλλοδαπή τις.

b) Codex U (Scoptica)

γε
Sicut in codice A evenit, in U quoque haec particula enclitica est: 5.9 οὖν γε.

δὲ
Una tantum δέ sine accentu traditum est: 2.31 καὐτῆς δε.

ἐστι
Encliticum. 11.5 ἄμετρός ἐστιν.

μου etc.
Ut solet, pronomina enclitica in U quoque sine accentu tradita sunt: v. 5.17 χερῶν μου, 6.2 τοῦ μου (quod subinde correctum est), 13.18 μή σοι, 14.1 πονηθέν σοι, 14.5 εὖ σου, 14.6 κακόν σε, 15.7 βέλος σε.

περ
Encliticum. v. 5.14 σκώπτειν περ, 5.20 ἄν περ.

που
Encliticum. 3.5 πάντῃ που.

171 Cf. Noret 1987.
172 Heic accentum recipit, quia sequens ad verbum refertur (Noret 1987, 193).
173 Heic accentu carere debuisset, quum ad id, quod praecedit, referretur.
174 Heic, quum ad id, quod praecedit, referatur, atonum erit: nisi accentus, qui in codice traditus est, ei rei debeatur, quod vim quandam locutioni praebeat: "*aliquid* dicere" (Noret 1987, 195: primum ex exemplis, quae vir doctissimus Noret collegit, huius simile est).
175 Heic accentus propter negationem adhibetur (Noret 1987, 194–195).
176 Accentu instruitur quia sequens ad verbum refertur (cf. n. 172).

πως
Encliticum. 3.3 γάρ πως.

τε
Codicis U usus incongruens est: librarios accentuum rationem parum curavisse verisimile videtur.

1) Post oxytona: 2.10 ἕν τ', 6.18 πιὼν τὲ.

2) Post paroxytona: 2.39 ἕπου τε, 6.4 ἕπει τ' (sic), 13.29 ὀργίοις τὲ, 14.2 ἀσκόπως τε, 14.4 ἐχεφρόνως τὲ.

3) Post proparoxytona: 6.12 χάριτές τε.

4) Post perispomena: 1.29 κακοῦ τε, 14.7 γνωμῶν τ'.

5) Post properispomena: 6.6 αὖθις τὲ.

τις
2.1 γάρ τις.

Appendices IV–V. Ut ante dictum est, heic ipsius poetae usum observare possumus. Qua in re duo potissimum patent: proparoxytona in postrema syllaba accentum alterum recipere; quum vero perispomena praecedant, encliticam voculam accentu instrui.

γε
Semper encliticum. V 2.2 δέ γε, V 2.5 βάλλέ γ'.

μέν
Semel μέν sine accentu invenitur: V 2.2 θερσίτης μεν.

μου, etc.
Semper enclitica. IV 1.1 εὐδοκίης με, IV 2.4 προσῆξε σοι (vide apparatum ad loc.), IV 3.1 ἤθελέν σε.

τε
IV 3.6 ἱστορῆι τὲ.

τις
IV 3.1 ζωγραφεῖν τίς[177].

Constantini carmen De Ss. Apostolis Claudius De Stefani edidit, qui etiam Appendicem de imitationibus seriorum Byzantinorum scripsit. Poemata Scoptica Ioachim Strano edidit. Appendicem vero, qua cetera poemata Constantini continentur, una confecimus. Praefationis capita I, II et IV a Ioachim Strano, cetera (III, V–VIII) a Claudio De Stefani conscripta sunt. Omnia autem una simul pertractavimus: una enim Romam ivimus ut codicem Urbinatem et apographa Leonis Allacci conferremus; una rei metricae caput aerumnabili quodam labore syllabas computando confecimus; una de Constantini vita atque scriptis potionis Arabicae inter pocula longe disseruimus; una denique in locis carminum perpendendis soles plurimos comsumpsimus.

Codicem A ex imaginibus lucis ope expressis Claudius De Stefani contulit; codex U atque Leonis Allacci apographa Romae, ut diximus, collata sunt; appendicum codices, quos inter P eminet, per imagines plerumque contulimus. Amici, ut par est, ad editionem perpoliendam opitulati sunt. Paulus Blasius Cipolla amicissimus praefatione attente penitusque perlecta errores sustulit nobisque subsidium haud parvum contulit. Henricus Magnelli praefationi atque carminibus e locuplete suo penu multa maximi momenti addidit. Totum librum Franciscus Valerio humaniter legit. Per Fridericam Scognamiglio de duobus ex tribus Leonis Allacci apographis certiores facti sumus. Grates agimus denique praeposito Facultatis Litterarum et Philosophiae Universitatis Calabriae Raphael Perrelli atque Carmelo Crimi suavissimo magistro, qui hunc librum comiter perlegerunt. Qui legitis, estote εὐμενεῖς. Dabamus cursoribus mense Februario anni MMXXII.

Tergeste
Claudius De Stefani

Consentiae
Ioachim Strano

177 Forte accentus ideo appositus est quod τις ad sequens ἤθελεν refertur.

CONSPECTUS LIBRORUM

CONSTANTINI RHODII CARMINUM EDITIONES

1. Ecphrasis Sanctorum Apostolorum

G.P. Begleri, Chram svjatych Apostolov i drugie pamjatniki Konstantinopolja po opisaniju Konstantina Rodija, Odessa 1896

É. Legrand, Description des œuvres d'art et de l'église des saints Apôtres de Constantinople. Poème en vers iambiques par Constantin le Rhodien, «REG» 9, 1896, 32–103 (textus poematis invenitur in pp. 36–65)

Constantine of Rhodes, On Constantinople and the Church of the Holy Apostles. With a new edition of the Greek text by I. Vassis, edited by L. James, Farnham 2012

2. Scoptica

P. Matranga, Anecdota Graeca e mss. bibliothecis Vaticana, Angelica, Barberiniana, Vallicelliana, Medicea, Vindobonensi depromta, II, Romae 1850, 624–632

3. Versus e Cedreno deprompti

L. Tartaglia, Georgii Cedreni Historiarum compendium, Roma 2016

4. Inscriptio columnae Constantini VII

A. Rhoby, Byzantinische Epigramme auf Stein nebst Addenda zu den Bänden 1 und 2 (Byzantinische Epigramme in inschriftlicher Überlieferung. Herausgegeben von W. Hörandner – A. Rhoby – A. Paul, Band 3/1), Wien 2014, 610–612

5. Epigrammata a Constantino composita et exarata, eiusdem versiculi in marginibus codicis Palatini

H. Beckby, Anthologia Graeca. Buch XII–XVI mit Namen- und Sachverzeichnis und anderen vollständigen Registern, IV, München 1968[2]

A. Cameron, The Greek Anthology from Meleager to Planudes, Oxford 1993, 300–303, 309–310, 321

DISSERTATIONES ATQUE COMMENTATIONES DE CONSTANTINO RHODIO

C. Angelidi, Ἡ περιγραφὴ τῶν ἁγίων Ἀποστόλων ἀπὸ τὸν Κωνσταντῖνο Ρόδιο. Ἀρχιτεκτονικὴ καὶ συμβολισμός, «Symmeikta» 5, 1983, 91–125

G.J.M. Bartelink, Constantin le Rhodien, Ecphrasis sur l'Église des Apôtres à Constantinople, vv. 539, 665, 882, 888, «Byzantion» 46, 1976, 425–426

A. Berger, Georgios Kedrenos, Konstantinos von Rhodos und die Sieben Weltwunder, «Millennium» 1, 2004, 233–242

F. Bernard, Constantine the Rhodian's Ekphrasis in its Contemporary Milieu, apud Mullett-Ousterhout 2020, 145–156

A. Cameron, Constantine the Rhodian and the Greek Anthology, «Byz. Forsch.» 20, 1994, 261–267

U. Criscuolo, Note all'Ekphrasis di Costantino Rodio, «Atti dell'Accademia Pontaniana» 38, 1989, 141–149

M. D'Ambrosi, Costantino Rodio e la dieresi mediana: Anth. Pal. XV 15, «Βυζαντινά» 31, 2011, 9–32

B. Daskas, Constantine the Rhodian's εἰκών of the Church of the Holy Apostles at Constantinople, in: L. James, O. Nicholson, R. Scott, After the Text. Byzantine Enquiries in Honour of Margaret Mullett, London – New York 2022, 131–146

C. De Stefani, Immagini di Costantinopoli nella poesia tardoantica e bizantina (appendice: un'emendazione a Const. Rhod., Ss. App. 932), «MEG» 15, 2015, 137–149

G. Downey, Constantine the Rhodian: His Life and Writings, in: K. Weitzmann et al., Late Classical and Mediaeval Studies in Honor of Albert Mathias Friend, Jr., Princeton 1955, 212–221

A. Heisenberg, Grabeskirche und Apostelkirche. Zwei Basiliken Konstantins. Untersuchungen zur Kunst und Literatur des ausgehenden Altertums. Zweiter Teil: Die Apostelkirche in Konstantinopel, Leipzig 1908

M. Lauxtermann, Constantine's City. Constantine the Rhodian and the Beauty of Constantinople, in: L. James – A. Eastmond, Wonderful Things: Byzantium through its Art. Papers from the Forty-Second Spring Symposium of Byzantine Studies, London, 20–22 March 2009, Farnham-Burlington 2013, 295–308

P. Maas, Konstantinos Rhodios und Kallimachos, «Byz.-neugr. Jahrb.» 2, 1921, 302 (= Kleine Schriften, herausg. W. Buchwald, München 1973, 419–420)

C. Mango – M. Vickers – E.D. Francis, The Palace of Lausus at Constantinople and its Collection of ancient Statues, «Journal of the History of Collections» 4/1, 1992, 89–98

S.G. Mercati, Intorno all'autore del carme εἰς τὰ ἐν Πυθίοις θερμά (Leone Magistro Choirosphaktes), «RSO» 10, 1923–1925, 212–248 (= Collectanea Byzantina, con introduzione e a cura di A. Acconcia Longo, prefazione di G. Schirò, I, Bari 1970, 271–309)

M. Mullett – R. G. Ousterhout (edd.) The Holy Apostles. A Lost Monument, a Forgotten Project, and the Presentness of the Past, Washington DC 2020

P. Orsini, Lo scriba J dell'Antologia Palatina e Costantino Rodio, «Boll. Grott.» 54, 2000, 425–435

M. Paranikas, censura editionum Begleri 1896 et Legrand 1896, «Vizantijskij Vremennik» 4, 1897, 187–192

Th. Preger, censura editionum Legrand et Begleri, «BZ» 6, 1897, 166–168

P. Speck, Konstantinos von Rhodos. Zweck und Datum der Ekphrasis der sieben Wunder von Konstantinopel und der Apostelkirche, in: Poikila Byzantina 11, Bonn 1991, 249–268

O. Wulff, Die sieben Wunder von Byzanz und die Apostelkirche nach Konstantinos Rhodios, «BZ» 7, 1898, 316–331

ALIA QUAE LAUDANTUR

M.L. Agati, Note paleografiche all'Antologia Palatina, «Boll. Class.» 3s., 5, 1984, 43–59 (cum X imaginibus lucis ope confectis)

I.F.P. van Anrooy, Quaestiones de epithetorum compositorum usu apud Aeschylum et Euripidem, Trajecti ad Rhenum 1897

T. Antonopoulou, The Metrical Passions of SS. Theodore Tiron and Theodore Stratelates in Cod. Laura Λ 170 and the Grammatikos Merkourios, in: Realia Byzantina, Festschrift für Apostolos Karpozilos, hrsg. von S. Kotzabassi – G. Mavromatis, Berlin-New York 2009, 1–11

T. Antonopoulou, Mercurii Grammatici Opera Iambica, Turnhout 2017

W. Bäumlein, Untersuchungen über griechische Partikeln, Stuttgart 1861

P. Canart, Scribes grecs de la Renaissance. Additions et corrections aux répertoires de Vogel-Gardthausen et de Patrinélis, «Scriptorium» 17, 1963, 56–82 (= Études de paléographie et de codicologie. Reproduites avec la collaboration de M.L. Agati et M. D'Agostino, I, Città del Vaticano 2008, 1–27)

J. Cirignano, The Manuscripts of Xenophon's Symposium, «GRBS», 34, 1993, 187–210

F. Conca, Nicetas Eugenianus. De Drosillae et Chariclis amoribus. Apparatui fontium operam dedit A. Giusti, Amsterdam 1990

F. Condello, Sulla posizione del Par. Gr. 2739 (D) nello stemma codicum dei Theognidea, «IFC» 18, 2018–2019, 1–102

F. Condello – M. Magnani, Il Ms. Vat. Barb. Gr. 69 e lo Pseudo-Archiloco (frr. °°327 e °°328 W.^{2}). Testo, contesto e ipotesi attributiva, «RHT» 14, 2019, 69–140

G. De Gregorio, censura operis: Repertorium der griechischen Kopisten 800–1600, III A–C, «JÖB» 50, 2000, 317–330

M. De Groote, Christophori Mitylenaii Versuum variorum collectio Cryptensis, Turnhout 2012

J.D. Denniston, The Greek Particles, Oxford 1954^2

C. De Stefani, Paulus Silentiarius. Descriptio Sanctae Sophiae. Descriptio Ambonis, Berlin-New York 2011

C. De Stefani, A Few Thoughts on the Influence of Classical and Byzantine Poetry on the Profane Poems of Ioannes Mauropous, in: F.

Bernard – K. Demoen, Poetry and its Contexts in Eleventh-century Byzantium, Farnham 2012, 155–179

C. De Stefani, Metrische Beobachtungen zum Hexameter der Disticha des Kyklos, in: Nonnus of Panopolis in Context II: Poetry, Religion, and Society. Proceedings of the International Conference on Nonnus of Panopolis, 26th–29th September 2013, University of Vienna, Austria, Leiden-Boston 2018, 299–326

C. De Stefani – E. Magnelli, Lycophron in Byzantine Poetry (and Prose), in: Lycophron: éclats d'obscurité. Actes du colloque international de Lyon et Saint-Étienne 18–20 janvier 2007 (ed. C. Cusset – É. Prioux), Saint-Étienne 2009, 593–620

T. Dorandi, Laertiana. Capitoli sulla tradizione manoscritta e sulla storia del testo delle Vite dei filosofi di Diogene Larzio, Berlin-New York 2009

S. Eustratiades, Συμπλήρωμα ἁγιορειτικῶν καταλόγων Βατοπεδίου καὶ Λαύρας, Paris 1930

M. Guidi, Un Βίος di Costantino, «Rend. Real. Acc. Linc.», Classe di Scienze Morali, Storiche e Filologiche, s. 5, 16, 1907, 304–340

J. von Hammer, Constantinopolis und der Bosporos, örtlich und geschichtlich beschrieben, I, Pesth 1822

W. Kastner, Die griechischen Adjektive zweier Endungen auf -ος, Heidelberg 1967

M.D. Lauxtermann, Byzantine Poetry from Pisides to Geometres. Texts and Contexts. Volume one, Wien 2003

M.D. Lauxtermann, Byzantine Poetry from Pisides to Geometres. Texts and Contexts. Volume two, Wien 2019

P. Lemerle, Le premier humanisme byzantin. Notes et remarques sur enseignement et culture à Byzance des origines au Xe siècle, Paris 1971

E. Lipšic, Vizantijskij učenyj Lev Matematik, «Viz. Vrem.» 2, 1949, 106–149

P. Maas, Der byzantinische Zwölfsilber, «BZ» 12, 1903, 278–323 (= Kleine Schriften, herausg. W. Buchwald, München 1973, 242–288)

P. Maas, Die Chronologie der Hymnen des Romanos, «BZ» 15, 1906, 1–43 (= Kl. Schr. 288–326)

P. Maas, Grammatische und metrische Umarbeitungen in der Überlieferung des Romanos, «BZ» 16, 1907, 565–587 (= Kl. Schr. 327–349)

E. Magnelli, A peculiar Byzantine book epigram (FR24 Rhoby), in: Parels in schrift. Huldeboek voor Marc De Groote (edd. T. Scheijnen – B. Verhelst), Gent 2019, 47–49

E. Martini, Indici e cataloghi XIX. Catalogo di Manoscritti Greci esistenti nelle biblioteche italiane, II, Milano 1902

G. Meyer, Die stilistische Verwendung der Nominalkomposition im Griechischen. Ein Beitrag zur Geschichte der διπλᾶ ὀνόματα, Leipzig 1923

J. Noret, Quand donc rendrons-nous à quantité d'indéfinis, prétendument enclitiques, l'accent qui leur revient?, «Byzantion» 57, 1987, 191–195

J. Noret, L'accentuation de τε en grec byzantin, «Byzantion» 68, 1998, 516–518

Th. Preger, Inscriptiones Graecae Metricae ex scriptoribus praeter Anthologiam collectae, Lipsiae 1891

C. Preisendanz, Anthologia Palatina. Codex Palatinus et Codex Parisinus phototypice editi. Praefatus est C. P. Pars prior, Lugduni Batavorum 1911

A. Rzach, Studien zur Technik des nachhomerischen heroischen Verses, «Sitzungsberichte der phil.-hist. Classe der kais. Ak. der Wiss.» 95, 1879, 681–872

A. Rzach, Neue Beiträge zur Technik des nachhomerischen Hexameters, Wien 1882

M.D. Spadaro, Sulle composizioni di Costantino il Filosofo del Vaticano 915, «Sic. Gym.» 24, 1971, 175–205

P. Speck, Theodoros Studites. Jamben auf verschiedene Gegenstände, Berlin 1968

Spyridon – S. Eustratiades, Catalogue of the Greek Manuscripts in the Library of the Laura on Mount Athos, with Notices from other Libraries, Cambridge Mass. 1925

L. Sternbach, Joannis Geometrae Carmen de S. Panteleemone, Cracoviae 1892

L. Sternbach, Nicolai Calliclis Carmina, Cracoviae 1903

C. Stornajolo, Codices Urbinates Graeci, Romae 1895

G. Strano, Leone Choirosphaktes. Corrispondenza. Introduzione, testo critico, traduzione e note di commento, Catania 2008

R. Sjölund, Metrische Kürzung im Griechischen, Uppsala 1938

C. A. B. Todt, De Aeschylo vocabulorum inventore commentatio, Halle 1855

M.L. West, Greek Metre, Oxford 1982

A. Wifstrand, Eikota. Emendationen und Interpretationen zu griechischen Prosaikern der Kaiserzeit. I. Zu Dion und Josephus, Lund 1931

A. Wifstrand, Eikota. Emendationen und Interpretationen zu griechischen Prosaikern der Kaiserzeit, Lund 1957

P. Wolters, De Constantini Cephalae anthologia, «RhM» 38, 1883, 97–119

CONSTANTINI RHODII DESCRIPTIO ECCLESIAE SANCTORUM APOSTOLORUM

EDIDIT CLAUDIO DE STEFANI

CONSPECTUS SIGLORUM

CODICES ET VIRORUM DOCTORUM NOMINA BREVIATA, SIGLA CETERA

A	Athous Laurae 1661 (Λ 170), s. XV, ff. 140r–147v (vv. 25–981)
A^2	altera manus codicis, s. XIX–XX, f. 139r-v (vv. 1–24)
$A^{a.c.}$	A ante correctionem
$A^{p.c.}$	A post correctionem
$A^{s.l.}$	A supra lineam
Bartelink	G.J. Bartelink
Begleri	G.P. Begleri
Criscuolo	U. Criscuolo
Downey	G. Downey
Heisenberg	A. Heisenberg
Legrand	É. Legrand
Maas	P. Maas
Magnelli	E. Magnelli per litteras
Speck	P. Speck
add.	addit
cf.	confer
coll.	collato, collatis
corr.	correxit
dub.	dubitanter
expl.	explicavit
ft.	fortasse, forte
h.e.	hoc est
inc.	incipit
interpr.	interpretatus est
laud.	laudavit
l.l.	loco laudato
mg.	margine
p.c.	post correctionem
rec.	recentior
s.l.	supra lineam
scil.	scilicet
suppl.	supplevit
transp.	transposuit
v.	versus, versum, versu
vid.	videtur
vv.	versus, versibus

Στίχοι Κωνσταντίνου ἀσηκρίτη τοῦ Ῥοδίου f. 139r

Κράτιστε Κωνσταντῖνε, βλαστὲ πορφύρας,
Ὡς ὢν ἀπ' ἀρχῆς πατρικὸς σὸς οἰκέτης
Νέμω τόδ' αὖ σοι δῶρον εὐαγὲς φίλον,
Σύνταγμα φαιδρὸν εὐφυῶς πεπλεγμένον
Τοῖς τῶν ἰάμβων εὐδρομωτάτοις στίχοις,
Ἄριστα μέν σοι τῶν Ἀποστόλων δόμου
Ναοῦ τε φαιδροῦ τὴν φράσιν δηλοῦν ὅλην,
Τὴν ἥνπερ αὐτὸς εἶπας ἡμῖν ἐγγράφειν
Ἴσως Θεοῦ σοι καρδίᾳ τεθεικότος.
Νῦν οὖν τελέσας καὶ καλῶς συναρμόσας
Ὅλον τὸ δρᾶμα καὶ νεὼ πᾶσαν φράσιν
Ὑπουργὸς αὐτόκλητος ἥκω σοι φέρων
Ῥοδοπλεκῆ στέφανον ἐξ ἀκηράτων
Ὅλον πλακέντα μουσικῶν †ἐξ† ἀνθέων,
Δι' οὗ στεφάνου σὸν πανύμνητον κράτος
Ἱμερτόν, εὐΐλατον ἕξω πρὸς βίον·
Ὅλως γὰρ αὐτὸς συμπαθὴς ἄναξ πέλεις
Ὑπέρμαχός τε τῶν καμνόντων ἐν πόνοις.

12–13 cf. Eur. Hipp. 73–74 σοὶ τόνδε πλεκτὸν στέφανον ἐξ ἀκηράτου / λειμῶνος, ὦ δέσποινα, κοσμήσας φέρω (cf. etiam locos ap. De Stefani 2012, 170–171, quibus addas velim Man. Phil. II 1.308 Miller)

tit. ἀσηκρίτου A²: corr. Legrand **4** σύγταγμα A²: corr. Begleri, Legrand | δαιφρὸν A²: corr. Begleri, Legrand **6** τοῦ Ἀπ- A²: corr. Legrand **9** καρδίαν A²: corr. Vassis (cf. e.g. Theod. Prodr. Catomyom. 82 καὶ θάρσος ἐντέθεικε τὴμῇ καρδίᾳ) **14** τῶν ἀνθέων Speck (cf. ἐξ v. praec., quod sanum est: cf. Eur. l.l. ἐξ ἀκηράτου), ft. recte, cf. v. 310 ἐκ λίθων τῶν τιμίων **17** ὅλος A²: corr. Vassis | vel συμπαθής, ἄναξ, πέλεις

Προοίμιον τῆς ἐκφράσεως τοῦ ναοῦ τῶν Ἁγίων Ἀποστόλων καὶ μερική τις διήγησις τῶν τῆς πόλεως ἀγαλμάτων καὶ τῶν ὑψηλῶν καὶ μεγίστων κιόνων

Πολλοῖς μὲν ἄλλοις ἡ πόλις Κωνσταντίνου f. 139v
ἡ παμβόητος ἧδε καὶ σεβασμία,
ἡ νῦν κρατοῦσα κοσμικῆς ἐξουσίας
τῆς ἥσπερ αὐτοὶ νῦν κατάρχετ' ἐννόμως
ὡς τετράφωτοι πυρσολαμπεῖς λυχνίαι
καὶ τῶν ἀρετῶν ἰσάριθμοί πως στύλοι
τῶν τεττάρων τέτταρες ἐξεικασμένοι, f. 140r
μᾶλλον δὲ πύργοι τῆς Θεοῦ κληρουχίας,
ὦ κλεινὲ Κωνσταντῖνε, βλαστὲ πορφύρας
καὶ σπέρμα τοὐμοῦ παγκλύτου βασιλέως,
κόσμω⟨ν⟩ προλάμπει θαύμασι ξενοτρόπως
καὶ φαιδρότησι κτισμάτων ὑπερτάτων
ναῶν τε λαμπρότησιν ἠγλαϊσμένων
στοῶν τε μακρῶν σφαιροσυνθέτοις στέγαις
καὶ κιόνων εἰς ὕψος ἐστηριγμένων
φόρου τε Ταύρου καὶ μακροῦ Ξηρολόφου
σταυροῦ τε †τὸν φέροντα† πάντιμον τύπον
καὶ τοῦ πρὸς ὕψος μακρὸν ἐκτεταμένου
τοῦ χαλκοτόρνου καὶ νεφῶν ὑπερτέρου,
τοῦ τῆς Θεοῦ Σοφίας ἑστῶτος πάρα
ναοῦ φαεινοῦ καὶ προβάθμου κτισμάτων
τοῦ παντὶ κόσμῳ πανταχοῦ θρυλλουμένου,
πρώτην ὃς ἔσχε τάξιν ἐν τῇδε πόλει.
Ὃς ἱππότην ἄνωθεν ἔκδηλον φέρει
Ἰουστινιανὸν ἐκεῖνον ἄνδρα τὸν μέγαν
χρυσοῦν στέφος φοροῦντα καὶ λόφον ξένον,
τὴν χεῖρ' ἐπεκτείνοντα πρὸς τὸν ἀέρα

32 cf. Pisid. Hex. 1382 σφαιροσυνθέτου στέγης (cont. Gonnelli ad loc.)

20 περιβόητος A^2: corr. Begleri, Legrand **23** ἀστέρες Legrand pro λυχνίαι, quod cancellis saepsit Begleri **25** inc. A **29** κόσμω A: corr. Magnelli **35** possis τοῦ φέροντος (Begleri, Legrand) ἔντιμ- (De Stefani), cf. Theod. Prodr. Ep. Gen. 9,3 ἔντιμον ξύλον **36** ἐκτεταμμένου A: corr. Vassis

σύνεγγυς ἄστρων γειτνιάζουσαν πόλου,
ψαύειν δοκοῦντα τῶν σελήνης ἁρμάτων·
ὃς ἔσχεν ἀρχὴν τάξεως τῶν θαυμάτων
τῶν ἐν πόλει πρὸς ὕψος ἐστηριγμένων,
κἂν ὕστερόν πως τῷ χρόνῳ συνεστάθη
τοῦ πρὶν παγέντος ἐν φόρῳ κλεινοῦ στύλου,
ἔπειτα τάξιν δευτέραν εἰληφότος
τοῦ πορφυροῦ μάλιστα κίονος ξένου
τοῦ πρὸς φόρον στηθέντος εὐτυχῶς πάλαι,
ὃν ὁ κράτιστος ἤγειρε⟨ν⟩ Κωνσταντῖνος
(πρῶτος γὰρ αὐτὸς ἐν πόλει μακρὸς στύλος
τῇ τῇδ' ἐπάγη καὶ λόφῳ τῷ παγκλύτῳ,
ὅταν ποτ' ἀρχὴν καὶ πανύμνητον κράτος
ἡ κοσμοπαμπόθητος αὕτη πως πόλις
εἴληφε κόσμου καὶ βασίλειον στέφος
καὶ σκῆπτρα καὶ στέφανον ἥρπασε⟨ν⟩ Ῥώμης),
τοῦ τὸν μέγιστον ἀνδριάντα καὶ ξένον
φέροντος ὤμοις, ὥσπερ Ἄτλας τὸν πόλον,
τοῦ καλλινίκου καὶ σοφοῦ Κωνσταντίνου,
ὃς πρῶτος ἐκράτυνε τὸ Χριστοῦ σέβας
καὶ πρῶτος αὐτὸς τήνδ' ἐπύργωσε⟨ν⟩ πόλιν,
πρῶτος δ' ἔστησε τόνδε πορφυροῦν στύλον
καὶ τοῦτον αὐτὸν ἀνδριάντα τὸν μέγαν
χρυσῷ καταυγάζοντα πᾶσαν τὴν πόλιν,
γράψας ἐν αὐτῷ τούσδε τέτταρας στίχους·
«σύ, Χριστέ, κόσμου βασιλεὺς καὶ δεσπότης·
σοὶ προστίθημι τήνδε τὴν δούλην πόλιν
καὶ σκῆπτρα τῆσδε καὶ τὸ πᾶν Ῥώμης κράτος·

71–74 = Cedren. 344.8 Tartaglia (557 = I 565.1–5 Bekker) σὺ Χριστὲ κόσμου κοίρανος καὶ δεσπότης. / σοὶ νῦν προσῆξα τήνδε σὴν δούλην πόλιν / καὶ σκῆπτρα τάδε καὶ τὸ τῆς Ῥώμης κράτος. / φύλαττε ταύτην, σῷζε τ' ἐκ πάσης βλάβης

46 ἄστρου A: corr. Legrand **47** δοκοῦντος A: corr. Begleri **54** σταθέντος A: corr. Legrand **55** ἤγειρε A: corr. Vassis **61** ἥρπασε A: corr. Begleri **66** ἐπύργωσε A: corr. Begleri **67** πυρφόρον A: corr. Legrand **72** προστίσθημι A: corr. Begleri, Legrand

φύλαττε ταύτην, σῷζε δ' ἐκ πάσης βλάβης.»
Ἔθηκε δ' ⟨αὖ γε⟩ πρὸς θέμεθλα τοῦ στύλου
πλεκτοὺς κοφίνους δώδεκα λυγιστρόφους
τοὺς πρὶν πέλοντας μάρτυρας τῶν θαυμάτων,
ἄρτων ἐκείνων πέντε θαυματουργίας
τῶν χορτασάντων πεντάκις τοὺς χιλίους
χωρὶς γυναικῶν καὶ καλῶν παιδαρίων,
ἵν' ἡ πόλις πλουτοῖτο ταῖς χορηγίαις
καὶ μήποτ' ἄρτων ἐνδεὴς γένοιτό πως.
Οὗπερ πρόδηλός ἐστιν ἡ θεωρία
καὶ φέγγος ἄστροις ἐξισούμενον μέγα
τοῖς ἔνδον ἀγλάϊσμα θαῦμά τ' ὂν ξένοις
κόσμου τε παντὸς χαρμονή τε καὶ κλέος,
ἅπερ ξενίζει τὴν ἐμὴν ἀεὶ φρένα f. 140v
καὶ γλῶτταν αὐτὴν οὐκ ἐᾷ σιγὴν φέρειν
ὁρῶντα ταῦτά τ' ἔργα θαύματος πλέον.

Περὶ τοῦ Σενάτου καὶ τῶν ἐν αὐτῷ κιόνων

Τρίτον δὲ θαῦμα καὶ περίβλεπτον κλέος
τὸ τοῦ Σενάτου κάλλος ἐκπλαγὲς πέλει.
Ἔστι δὲ τοῖον τὴν θέσιν καὶ τὴν στάσιν
καὶ τὴν ὅλην σύμπηξιν, ὡς λόγῳ φράσαι·
ἀψὶς ὑπερτέλλουσα πρὸς τὸν ἀέρα
καὶ τοῖχος ὀρθὸς τὴν κατάστασιν, φέρων

74 cf. Anon. Laud. Bas. I, v. 210 (A. Markopoulos, DOP 46, 1992, 231) φρούρει, φύλαττε καὶ βλάβης πάσης σκέπε **75–76** Cedren. l.l. ὑπόκεινται δὲ τῷ κίονι καὶ οἱ ιβ' κόφινοι

95 (et v. 127) cf. Paul. Sil. S. Soph. 355 ὄρθιον αὐχένα τοίχων

75 δὲ A: corr. et suppl. Vassis, coll. 392 (adde sis v. 153) **76** λιγυ- A: corr. Legrand | schol. mg. manus rec., quod expl. Vassis: τούτους τοὺς κοφίνους καὶ τοὺς ιβ' ἀποστόλους ἔχει νῦν τὸ Τικὶλ Τάσι [h.e. dikili taş]· ὅμως κάτωθεν ὑπογράφεται ἑλληνιστὶ καὶ ῥωμαιστὶ ὅτι ὁ μέγας Θεοδόσιος ἔστησε τοῦτον· ἔστι δὲ μονόλιθος κύων [h.e. κίων] εἰς ὀξὺ λήγων, ἡ δὲ χροιὰ τούτου ὑπόλευκος (cf. Reinach, 71 n. 4) **85** θαυμάτων A: corr. Legrand **88** ft. σιγῇ: de vv. **88–89** vide praef., XXVI **89** an τἄργα? | πλέα Begleri **92** ἔστιν Begleri **95** ὀρθὴν A: corr. Vassis

στέγην ἄνωθεν ἐκ δοκῶν ἠρτημένην.
Πρὸς κίονας τέσσαρας ἐστηριγμένος
κόχλου Τυρίας τὴν βαφὴν μιμουμένους
καὶ μῆκος εἰς ἄπειρον ἐκτεταμένους
ἔχει τὸ πᾶν σύστημα πάγκλυτος δόμος
κύκλου τε μέχρι τοῦ φόρου τεταμένος.
Τοίχου μὲν οὖν γε πρὸς βορᾶν ἐστραμμένου,
οἱ δ' αὖ φέριστοι κίονες μεσημβρία⟨ν⟩
ἀποβλέπουσι καὶ καλὰς πνοὰς νότου.
Οὓς ἠνθράκωσεν ὁ φθόνος τῷ πρὶν χρόνῳ
καὶ πῦρ κατεσπάραξε τὴν τούτων φύσιν,
πῦρ ἡνίκ' ἐφλόγιζε τὴν πᾶσαν πόλιν,
ὅταν Λέων κατῆρχεν ὁ πρώην ἄναξ,
Λέων ἐκεῖνος τῆς Βηρίνης εὐνέτης,
ἧς ἦν ἀδελφὸς Βασιλίσκος ὁ πλάνος.
Ὅμως ῥαγέντες καὶ κατεσπαραγμένοι
ἑστᾶσιν αὐτοῦ τὴν στάσιν δεδεγμένοι
ὥσπερ Γίγαντες εὐσταλεῖς καὶ γεννάδαι
λόφου πρὸς αὐτὸν τὸν κατάστερον φόρον.
Ψηφὶς δὲ τοῖχον ὡράιζε καὶ πλάκες
ἐκ τῶν μετάλλων τῶν ἀρίστων ἠγμέναι·
ἀλλ' ὁ χρόνος τὰ πάντα καὶ τὸ πῦρ φάγεν
καὶ κάλλος ἠμαύρωσε τὸ πρὶν ἐμπρέπον.
Ἐντεῦθεν οὖν μάλιστα πορφυροῦν στύλον
κύκλῳ περιστέφουσιν ὡς χοροστάται
μακραὶ διαυγῶν κιόνων λευκῶν στίχες
ἐκ Προικονήσου γείτονός τ' ἀφιγμέναι·
οὕτως μὲν οὕτως ἐστεφάνωται φόρος
τοῖς κίοσί τε καὶ δόμοις ὑπερτάτοις.

97 ἐστηριγμένους A: correxi (scil. δόμος, cf. 473–4 ἐστηριγμένος ... δόμος): ἐστηριγμένον Vassis (scil. σύστημα) **98** τυρείας A: corr. Begleri, Legrand **99** ἐκτεταμμένους A: corr. Vassis **101** τεταμμένος A: corr. Vassis **102** ἐστραμμένος A: corr. Begleri, Legrand **103** μεσημβρία A: corr. Begleri, Legrand de vv. **106–107** vide praef., XXVI–XXVII **106** τούτου A: corr. Legrand **107** πῦρ ὁπότ' ἐφλόγιζε A$^{a.c.}$, corr. A$^{s.l.}$ **109** μυρίνης A: corr. Begleri, Legrand **113** γεννάδες A$^{a.c.}$: corr. A$^{s.l.}$ **114** λόφον A: corr. Vassis **120** περιστρέφουσιν A: corr. Begleri **121** μακροῖς ... στίχοις A: corr. Begleri **124** κίοσί⟨ν⟩ Vassis

Αὐτοῦ δέ τις πέφυκε χάλκεος πύλη
ἐν τῷ Σενάτῳ πρὸς βορᾶν τετραμμένη
κἀς τοῖχον αὐτόν, ὅνπερ ὄρθιον φέρει,
τῆς Ἀρτέμιδος οὖσα τῶν Ἐφεσίων
τὸ πρίν, ὅτ' ἦν ζόφωσις εἰδώλων πλάνης,
ἔχουσα πλαστὴν τῶν Γιγάντων τὴν μάχην
καὶ τῶν θεῶν τῶν, ὧνπερ Ἕλληνες πάλαι
τὴν δόξαν ὠργίαζον ἐσκοτισμένως,
καὶ τοὺς κεραυνοὺς τοῦ Διὸς καὶ τὸ θράσος
καὶ τὸν Ποσειδῶ σὺν τριαίνῃ τῇ ξένῃ
καὶ τόν ⟨τ'⟩ Ἀπόλλω τόξον ἐσκευασμένον
Ἡρακλέα τε τὴν λεοντῆν εἱμένον
καὶ τὸν γωρυτὸν τῶν βελῶν πεπλησμένον,
τῷ ῥοπάλῳ θραύοντα τὰς τούτων κάρας,
καὶ τοὺς Γίγαντας, ὡς δράκοντας τοὺς πόδας
κάτωθεν ἐνστρέφοντας ἐσπειρημένους,
ῥιπτοῦντας ὕψει τῶν πετρῶν ἀποσπάδας
καὶ τοὺς δράκοντας ὥσπερ ἐκλιχμωμένους,
δεινὸν βρύχοντας, βλοσυρὸν δεδορκότας
καὶ πῦρ ἀποστίλβοντας ἐκ τῶν ὀμμάτων,
ὡς τοὺς ὁρῶντας δειματοῦσθαι καὶ τρέμειν
φόβον τε φρικτὸν ἐμβαλεῖν τῇ καρδίᾳ.

125–135 cf. Cedren. 344.8 Tartaglia (557 = I 565.7–10 Bekker) ἐν ᾧ πύλη ἐστὶ τῆς Ἐφεσίας Ἀρτέμιδος, Τραϊανοῦ δώρημα τῆς Σκυθῶν μάχης, ἔχουσα τὴν τῶν Γιγάντων μάχην καὶ τοὺς κεραυνοὺς τοῦ Διὸς καὶ τὸν Ποσειδῶνα σὺν τῇ τριαίνῃ καὶ τὸν Ἀπόλλωνα τόξον ἐσκευασμένον **139–143** cf. Cedren. 344.8 Tartaglia (557–558 = I 565.10–12 Bekker) κάτω δὲ τοὺς Γίγαντας ὡς δράκοντας ἐσπειρημένους [ἐπηρημένους vel ἐπερχομένους codd.: corr. Tartaglia coll. Constant.], χερσὶ βώλους ῥιπτοῦντας εἰς ὕψος καὶ τοὺς δράκοντας βλοσυρὸν εἰσορῶντας

142 cf. Hes. Th. 825–826 κεφαλαὶ ὄφιος, δεινοῖο δράκοντος / γλώσσῃσι δνοφερῇσι λελιχμότες nec non et [Hes.] Sc. 233–235, Euph. fr. 71.6 Lightfoot, Q.S. 5.39–40 et Nonn. saepe (cont. Magnelli) **146** cf. Ap. Rh. 4.11 κραδίῃ φόβον ἔμβαλεν Ἥρη

127 καὶ στοῖχον A: correxi: καὶ τοῖχον Legrand **135** ⟨τ'⟩ supplevi metri causa, coll. v. 209, 218, 718, etc. (et cf. W. Schulze, Kleine Schriften, Göttingen 1933, 388–390): ⟨γ'⟩ Vassis, coll. v. 519 **137** γορ- A[a.c.] **139** γίταντας A: corr. Begleri, Legrand **142** ἐλλιχμωμένους A: corr. Vassis: an ὡσπερεὶ λιχμωμένους? **143** βλοσσυρὸν Vassis

Τοίαις πλάναισιν Ἑλλάδος μωρὸν γένος
ἐξηπατᾶτο καὶ σέβας κακὸν νέμεν f. 141r
τῇ τῶν ματαίων δυσσεβῶν βδελυρίᾳ·
ἀλλ' ὁ κράτιστος καὶ σοφὸς Κωνσταντῖνος
ἤνεγκεν ὧδε παίγνιον πέλειν πόλει
παισί τ' ἄθυρμα καὶ γέλων τοῖς ἀνδράσιν.
Ἡ δ' αὖ γε χαλκῇ καλλιπάρθενος κόρη,
ἥτις ὕπερθεν κίονος μακροῦ πέλει
τὴν χεῖρ' ἐπεκτείνουσα πρὸς τὸν ἀέρα,
Παλλάδος εἰκών ἐστι Λινδίων πλάνης,
ἧς εἶχον οἱ πρώτιστον οἰκοῦντες πέδον
Ῥόδου ταλαίνης δυσσεβῶς τεθραμμένοι·
δηλοῖ δὲ κράνος καὶ τὸ Γόργ⟨ε⟩ιον τέρας
ὄφεις τε πρὸς τράχηλον ἐμπεπλεγμένοι·
οὕτως γάρ, οὕτως οἱ πάλαι μεμηνότες
τὸ Παλλάδος εἴδωλον ἔπλαττον μάτην.

Περὶ τοῦ κίονος τοῦ βαστάζοντος τὸν σταυρόν

Τὸ δ' αὖ πολυθρύλλητον ἔνθεον σέβας
καὶ θαῦμα καὶ ξένισμα τῆς οἰκουμένης
καὶ τὴν τετάρτην ἐνδίκως λαχὸν θέσιν
ὁ τετραφεγγὴς σταυρός ἐστι δεσπότου,
ὁ τήνδε φρουρῶν καὶ περισκέπων πόλιν
ὑψοῦ μάλιστα κίονός ⟨τ'⟩ ἐπηρμένος
καὶ μέχρις αὐτοῦ τοῦ πόλου τεταμένος,

156–162 cf. Cedren. 344.8 Tartaglia (558 = I 565,13–16 Bekker) πρὸς μὲν δύσιν τὸ τῆς Λινδίας Ἀθηνᾶς, κράνος ἔχον καὶ τὸ Γόργειον τέρας καὶ ὄφεις περὶ τὸν τράχηλον ἐμπεπλεγμένους - οὕτως γὰρ τὸ εἴδωλον αὐτῆς οἱ πάλαι ἱστόρουν

152 cf. Pisid. Hex. 560 παιδικῶν ἀθυρμάτων **153** cf. Eur. Hel. 1 καλλιπάρθενοι ῥοαί

148 ἐξηπατεῖτο A: corr. Begleri **149** βδελλυρία A: corr. Begleri, Legrand **152** παισί⟨ν⟩ Begleri | γέλως A: corr. Legrand **154** ὄπισθεν A: corr. Legrand (Nic. Chon. Hist. p. 558.47 van Dieten contulit Vassis) **159** corr. Legrand **165** -ὼν h.e. λαχὼν A[s.l.] **168** τ' suppl. Vassis **169** τεταμμένος A: corr. Vassis

θρίαμβον ὥσπερ τὴν καλὴν στάσιν φέρων,
ὁ πᾶν καταργῶν δαιμόνων κακὸν θράσος
καὶ πᾶν διώκων βαρβάρων δεινὸν νέφος
ἐχθρούς τε πάντας συγχέων καὶ συντρίβων
καὶ μέχρις Ἅιδου τοῦ κατωτάτου φέρων,
τρόπαιον ἑστὼς πάντοθεν νικηφόρον
ἐκ γῆς θαλάττης ἀέρος πυρὸς πόλου,
νίκας βραβεύων τῇ πόλει σωτηρίους.

Πέμπτην δὲ τάξιν θαυμάτων ἀσυγκρίτων
αὖθις δεχέσθω πρὸς παράστασιν λόγου
καὶ ⟨τὸ⟩ πρὸς ὕψος μακρὸν ἐκτεταμένον
χαλκοῦν ὑποστήριγμα, ζωγραφοῦν τάχα
πυραμίδος τὸ σχῆμα πυργοσυνθέτου
ἢ περσικῆς τιάρας εὔγυρον λόφον,
ὅπερ Θεοδόσιος ἤγειρε⟨ν⟩ μέγας
ἀγαλματουργῶν ἔργον ἐξηρημένον,
τετρασκελὲς τέχνασμα θαύματος πλέον,
πλευραῖς χαλκαῖς τέτρασι καθηρμοσμένον
ζῴοις τε πλαστοῖς πάντοθεν κεκασμένον
βλαστοῖσι καρπῶν καὶ ῥοΐσκων ἐμπλέοις.
Γυμνοί τ᾽ Ἔρωτες ἐμπλακέντες ἀμπέλοις

190–194 cf. Cedren. 344.10 Tartaglia (558 = I 565.20–566.2 Bekker) ὅτι τὸ τετρασκελὲς τέχνασμα, ὃ δῆριν λέγουσιν ἀνέμων, ἤγειρεν ὁ μέγας Θεοδόσιος, πυραμίδος σχῆμα ζωγραφοῦν καὶ ζῴοις πλαστοῖς κεκοσμημένον βλαστοῖς τε καὶ καρποῖς καὶ ῥοΐσκοις, γυμνοί τε Ἔρωτες ἵστανται προσγελῶντες ἀλλήλοις ἡμέρως καὶ τοῖς κάτω περῶσιν ἐμπαίζοντες· ἄλλοι δ᾽ ἐποκλάζοντες ἔμπαλιν νέοι, σάλπιγξι χαλκαῖς ἐμφυσῶσιν ἀνέμους

175 vide Speck ad Theod. Stud. Iamb. 53.1 **186** cf. Eur. HF 181 τετρασκελὲς … ὕβρισμα (cont. Criscuolo)

171 -ῶν h.e. κακῶν A$^{s.l.}$ | θράσος A$^{p.c.}$ (τέρας A$^{a.c.}$ ut vid. [cf. v. 159], quod coni. Begleri, quum ipse codici μέρος tribueret, νέφος autem [a. c.] Vassis) **180** suppl. Begleri | μακρὸν ὕψος A: corr. Vassis coll. v. 36, metri causa | ἐκτεταμμένον A: corr. Vassis **184** ἤγειρε⟨ν⟩ Begleri **185** ἀγαλματουργὸν A: corr. Begleri

ἑστᾶσιν αὐτοῦ προσγελῶντες ἡμέρως
καὶ τοῖς κάτωθεν ἐγγελῶντες ὑψόθεν·
ἄλλοι τ᾽ ἐποκλάζοντες ἔμπαλιν νέοι
σάλπιγξι χαλκαῖς προσφυσῶσιν ἀνέμους,
ζέφυρον ἄλλος, ἄλλος αὖ πάλιν νότον.
Ἐφ᾽ οὗπερ ὕψει χαλκοσύνθετον τέρας
πτέρυξι χαλκαῖς προσφυσώμενον κύκλῳ
πνοὰς λιγείας ζωγραφεῖ τῶν ἀνέμων,
ὅσας ἀῆται προσφυσῶσιν εἰς πόλιν,
βορᾶς νότος τε καὶ καλός ⟨τ᾽⟩ ἀπαρκτίας,
εὖρος θρασύς τε καὶ βαρύπνοος λίβας.
Κίων δὲ Ταύρου καὐτὸς ἠγλαϊσμένος,
ὃν Ἀρκάδιος κλεινὸς ἵδρυσε⟨ν⟩ πάλαι
πατρὸς κυδαίνων τὰς ἀριστείας ὅλας
καὶ τὰ τρόπαια καὶ μάχας ἀσυγκρίτους,
ἕκτης τὰ νῦν φέροιτο τάξεως θέσιν·
γραφαῖς τε γὰρ μάλιστα συντεταγμέναις
εἰς κάλλος εὐγλύπτοις τε πάντοθεν φέρει f. 141v
καὶ βαρβάρων Σκυθῶν τε παντοίους φόνους
πόλεις τε τούτων εἰσάπαξ τεθραυσμένας.
Ἀλλ᾽ οὖν τί θαῦμα κρυπτὸν ἔνδοθεν φέρει·
ὁδὸν πρὸς αὐτὴν τὴν στερέμνιον φύσιν
ἄνω φέρουσαν εἰς κάραν μακροῦ στύλου,
ὡς τοὺς θέλοντας εὐκόλως ἀνατρέχειν
πάλιν τε πρὸς κάταντες ἀνθυποστρέφειν.
Ταύτην ἀνῆλθον τὴν ὁδὸν κἀγὼ πάλαι

196–198 cf. Cedren. 344.10 Tartaglia (558 = I 566.2–3 Bekker) χαλκοῦν δὲ βρέτας ὑψόθεν πετόμενον πνοὰς λιγείας δεικνύει τῶν ἀνέμων **202–221** cf. Cedren. 344.11 Tartaglia (558 = I 566.4–7 Bekker) ὅτι τὸν τοῦ Ταύρου κίονα ἔστησεν ὁ μέγας Θεοδόσιος, τρόπαια καὶ μάχας ἔχοντα κατὰ Σκυθῶν καὶ βαρβάρων τοῦ αὐτοῦ· ἔχει δὲ οὗτος ἔνδοθεν καὶ ὁδὸν ἄνω φέρουσαν καὶ ὁ κατὰ τὸ ἄμφοδον δὲ ἑστὼς ἱππότης αὐτός ἐστιν ὁ μέγας Θεοδόσιος

191 mg. manus rec.: τοῦτο ἐστὶ βέβαια τὸ νῦν Τικὶλ Τάσι (cf. ad v. 76)· ὅμως ἀπορῶ διὰ τοὺς κοφίνους, πῶς ὑπὸ τούτῳ γεγόνασι τῷ κίονι, πρότερον τοῦ μεγάλου Κωνσταντίνου τιθέντος ὑπὸ ἄλλου κίονος **193** ἔμπαλοι A: corr. Begleri, Legrand **197** προσφυσσόμενον A: corr. Begleri, Legrand **200** τ᾽ add. Vassis metri causa **203** ἵδρυσε A: corr. Begleri **206** ἕκτην A: corr. Vassis coll. v. 702 **212** ἔνδον (pro ὁδὸν) A: corr. dub. Legrand

ποθῶν κατιδεῖν ὑψόθεν κλεινὴν πόλιν
μῆκός τε ταύτης καὶ πλάτος θ' ὅσον φέρει.
Καὶ τόνδε τὸν φέριστον ἱππότην μέγαν
ἑστῶτα Θευδόσιον, ἄνδρα τὸν ξένον,
αὐτοῦ πρὸς ἀκρόβαθμον ἄμφοδον μέγα
αὐτὸς πάλιν ἔστησεν ἔμπνοον τάχα
τοῦ πατρὸς ἆθλα καὶ πόνους τιμῶν ξένους,
ὡς ἐκ μάχης ἥκοντα πὼς νικηφόρον,
ὅταν καθεῖλε Μαξίμου τυραννίδα
καὶ τοὺς Σκύθας ἤλασεν ἐκ Θρᾴκης ὅλους.
Οὗ τὸ φρύαγμα καὶ τὸν ἵππον ὁ βλέπων
χαλκῷ παγέντα πλαστικῆς τέχνης βίᾳ,
φρίττοντα χαίτην καὶ σοβοῦντα τὰς τρίχας
καὶ τὸν χαλινὸν ἐνδακόντα τῷ θράσει,
τὸν αὐχένα προύχειν τε πύργον ὡς μέγαν
σοβαρότητι καὶ φρυάγματι ξένῳ,
ὁπλὴν ποδός τε προσδοκᾶν κινουμένην,
ἵππον νομίζει χρεμετίζειν ὡς τάχα
καὶ ζῆν φέροντα δεσπότην νικηφόρον,
τὸν ἱππότην τε γαῦρον ὄμμα πως φέρειν
καὶ χεῖρα τείνειν δεξιὰν πρὸς τὴν πόλιν
τρόπαια δεικνύουσαν ἐγγεγραμμένα
πρὸς ὅνπερ αὐτὸς ἥδρασε στύλον μέγαν
φόνους Σκυθῶν τε καὶ σφαγὰς τῶν βαρβάρων.

Περὶ τοῦ Ξηρολόφου

241 Τὴν ἑβδόμην τε τάξιν ὡς τελεσφόρος

237–238 cf. Cedren. 344.11 Tartaglia (558 = I 566.7–9 Bekker) χεῖρα τείνων δεξιὰν πρὸς τὴν πόλιν, καὶ δεικνὺς τὰ ἐγγεγραμμένα τῷ στύλῳ τρόπαια

231 cf. Hom. Il. 22.97 πύργῳ ... προύχοντι (cont. Vassis) **234** cf. e.g. Ant. Sid. AP 9.724.1 = HE 436 ἁ δαμάλις, δοκέω, μυκήσεται **240** cf. Pisid. Avar. 541 τὴν σφαγὴν τῶν βαρβάρων (cont. Magnelli)

233 προσδοκῶν coni. Strano (scil. ἵππον προύχειν αὐχένα καὶ ὁπλὴν κινουμένην), vide praef., XXVII **234** χραιμετίζειν A, corr. s.l.

ὁ Ξηρόλοφος ἔμπαλιν λαμβανέτω·
καὐτὸς γάρ, αὐτὸς ἔργον ἔστ' Ἀρκαδίου
φέρων ὅμοια πάντα Ταύρου τῷ στύλῳ
τήν τε γραφὴν ἄριστα πὼς γεγραμμένην
καὶ τὴν ἄνοδον οὖσαν ἐγκεκρυμμένην.
Ἀπαξαπλῶς ἅπαντα τοῖν δυοῖν στύλοιν
ὅμοια πάντα, πλὴν διάστασις τόπων·
ὁ μὲν γὰρ αὐτῶν ἐν μέσῳ σκοπεῖ πόλιν,
ὁ δ' ἄλλος ἄκραν καὶ πύλας χρυσᾶς βλέπει,
δίκην στρατηγῶν τοὺς λόφους εἰληφότες
καὶ τῷ μὲν αὐτῶν φυλακὴν λαχεῖν μέσην,
τῷ δ' αὖ πρὸς ἄκραν καὶ πυλῶν τὰς ἐξόδους
πύργους τε μακροὺς καὶ βάρεις σκοπεῖν ὅλας.

Καὶ ταῦτα μὲν τοσαῦτα κιόνων πέρι
καὶ θαυμάτων τῶν, ὧνπερ ἡ πόλις φέρει,
λοιπῶν ἀγαλμάτων τε μηχανουργία⟨ς⟩
τῶν εἰς θέατρον καὶ πολύχρυσον φόρον
ἐν τῷ Στρατηγίῳ τε καὶ ταῖς ἀμφόδοις
τοῖς ὧδ' ἐκεῖσε πανταχοῦ τεταγμένων,
οἷς ὥσπερ ἄστροις ἀγλαΐζεται πόλις
καὶ τ' ὄμμα φαιδρὸν πανταχοῦ περιστρέφει
ὡς οἷα δεσπόζουσα τῆς οἰκουμένης.

Δυσὶ δὲ τούτοις ἐκθροεῖ πᾶσαν φύσιν
καὶ πάντας ἄρδην εἰς κατάπληξιν φέρει
γλώττας τε πάντων τοῦ λαλεῖν ἀποτρέπει
ἡ κοσμοπαμπόθητος αὕτη πως πόλις·
τῷ τῆς Θεοῦ Σοφίας οἴκῳ τῷ ξένῳ

243–244 cf. Cedren. 344.14 Tartaglia (559 = I 567.3–4 Bekker) ὅτι ὁ Ξηρόλοφος ἔργον ἐστὶν τοῦ Ἀρκαδίου, ὅμοιον κατὰ πάντα τῷ Ταύρῳ

262 cf. Eur. Med. 1043 ὄμμα φαιδρὸν (cont. Magnelli)

245 ἀριστά πως A: corr. Vassis **246** ἐγγεγραμμένην A: corr. Legrand **252** ὡς pro καὶ prop. dub. Vassis **257** μηχανουργία A: corr. Begleri **259** ἔν τε A: corr. Speck **260** τεταγμένοις A: corr. Legrand **264** δυσὶ⟨ν⟩ Vassis | ἐκθροεῖ h. e. ταράττει

καὶ τῷ μεγίστῳ τῶν Ἀποστόλων δόμῳ, f. 142r
ὡς τῷ μὲν ἐξέχοντι πάντων κτισμάτων,
τῷ δ' ὡς ὑπερφέροντι καλλονῇ δόμων.
Εἰς οὓς σκοπός μοι πᾶς τε καὶ σπουδὴ πέλει
καὶ φροντὶς ἐμμέριμνος ἐκτρύχουσά με·
καὶ γὰρ ἔρως τίς γαργαλίζει πῦρ πνέων
ἐπ' ἔργον αὐτὸ πυρπολῶν μου τὰς φρένας·
τῷ καὶ γράφειν νῦν εὐλαβῶς ἀπηρξάμην
παροτρύνοντος τοῦ σοφοῦ μου δεσπότου
Κωνσταντίνου, Λέοντος υἱοῦ τοῦ πάνυ,
τοῦ πρὶν διευθύνοντος σκῆπτρα πανσόφως
τὰ τῆσδε Ῥώμης, εὐτυχοῦς Βυζαντίδος.
Οὐκοῦν ἐφεῦρον τὴν ὁδὸν σκοποῦ τάχα
εἰπὼν ἄριστα τοῖν δυοῖν ναοῖν πέρι
καὶ πραγμάτων τῶν ὧδε καὶ τεχνασμάτων,
ὧν αὐτὸς ᾄδω πανυπέρτατον κλέος.
Ἄκουε λοιπὸν τῆς ἐμῆς ἀηδόνος,
ἄναξ θεόφρον, εὐσεβὴς Κωνσταντῖνε,
τορὸν λαλούσης καὶ πολύστροφον μέλος
τὴν Ὀρφέως νικῆσαν εὔηχον λύραν
ἐν τοῖς τριμέτροις τῶν ἰάμβων, οἷς πλέκω
καὶ σῷ προσᾴδω πανσθενεστάτῳ κράτει·
οὐ γὰρ πονηρῶν δαιμόνων γονὰς γράφω,
τῶν ὧνπερ αὐτὸς ἐτραγῴδει τὸν βίον
ᾄδων ἀσέμνους καὶ σαπρὰς ληρῳδίας,
οὐδ' αὖ ῥυπώσας τοῦ Διὸς αἰσχρουργίας
ἢ τῆς κόρης Δήμητρος ἁρπαγὴν πλάνον,
οὐδ' ὀργίων Κυβέλης τυμπανοκτύπων

274 cf. Anacreont. 6.7 West γαργαλίζει (scil. Ἔρως: cont. Magnelli) **278** cf. Theod. Stud. Iamb. 19.2 Sp. Παύλου τοῦ πάνυ fine versus (et vide Speck ad loc.) **278–279** cf. Const. Rhod. AP 15.15.4 (= App. IV 1) σκηπτούχοιο Λέοντος **285** cf. Pisid. Hex. 78 ἄκουε λοιπόν **291** sqq. Greg. Naz. Carm. II 1.34.71–88 et Eudoc. Hypoth. Homerocent. 31–33 Ludw. cont. Magnelli

270 τῶ μὲν ὡς A: corr. Vassis metri causa **272** πᾶς A$^{p.c.}$ **279** διευθύναντος Vassis (ft. non opus, cf. Eur. IA 1234 ἢ πρὶν ὠδίνουσ', fr. 262.3 Kannicht χὠ πρὶν εὐτυχῶν, etc.) **288** νικῶσαν A: corr. Vassis (νικῆσαν scil. μέλος): νικῆσον possis **292** ἐτραγώδεις A: corr. Legrand

Ἄττιν γοώσης ἐν νάπαις ὀρειπλάνου,
οὐδ᾽ ὡς ἐκεῖνος κρουματίζω τὴν λύραν,
ἀλλ᾽ ἐνθέους σοι προσλαλῶ μελῳδίας,
αἷς αὐτὸς ὦτα προσφυῶς, ἄναξ, κλίνεις,
λαβὼν ἀφορμὰς σῶν καλῶν προσταγμάτων,
ἅπερ Θεὸς φύτευσεν ἐν σῇ καρδίᾳ·
Μουσῶν γάρ, οἶμαι, δένδρον εὔκαρπον πέλεις
καὶ τῶν Χαρίτων ἔρνος ἠγλαϊσμένον·
Μουσῶν ἐκείνων παρθένων ἀκηράτων,
τουτέστιν αὐτῶν ἀρετῶν τῶν ἐνθέων
(οὐχ ἃς Ὅμηρος ὁ θρασὺς ἀναγράφει
θρῆνον πλεκούσας πρὸς ταφὴν Ἀχιλλέως,
ἀλλ᾽ ἃς Σολομὼν ὁ κρατὺς καταστέφει
χρυσοῖς στεφάνοις ἐκ λίθων τῶν τιμίων),
ὧνπερ δοχεῖον εὐαγέστατον πέλεις
πηγή τ᾽ ἀναβρύουσα πάγχρυσον νάμα·
τῷ καὶ ποθεῖς, ἄριστε, τοὺς νόμους κλύειν
τοὺς τῶν ἰάμβων ὡς σοφὸς μουσηγέτης.
Ὡς οὖν σκοποῦ τύχω γε τοῦ ποθουμένου
ἄπειμι λοιπὸν τὴν ὁδὸν κεχαρμένος
τὴν τῶν ἰάμβων, εὐφυῶς ἀνατρέχων
ἐκεῖθεν ἔνθεν, ἔνθα μικρὸν ἐξέβην,
ἅπερ πόλις χρύσαυγος ἔνδοθεν φέρει
καὶ προστίθησι τοῖς ξένοις θεωρίαν.
Τίς γὰρ θάλασσαν εἰσπλέων ταύτην ξένος
ἰδών τε ταῦτα πάντα μακρὰν μακρόθεν
καὶ προσπελάσας τῇ πόλει τῇ παγκλύτῳ
μὴ θάμβος εὐθὺς ἔσχεν ἐκ θεωρίας
κατεπλάγη τε τὴν ὑπέρτιμον πόλιν

303–304 cf. Theocr. 7.43–4 ἐσσί / … ἐκ Διὸς ἔρνος **307–308** Hom. Od. 24.60–1 (cont. Vassis) **315** cf. Pisid. Hex. 865 τύχωσι τοῦ ποθουμένου **316** cf. Lyc. 14 ἄνειμι λοξῶν ἐς διεξόδους ἐπῶν

297 ἄττειν A: corr. Begleri, Legrand | ὀρειπλάνοις A: corr. Vassis **298** κρουματίζων A: corr. Vassis **304** ἠγλαϊσμένος A: corr. Begleri, Legrand **315** τυχὼν A: correxi, coll. Eur. Hec. 47, Hel. 146 et praesertim Phoen. 1449 ὡς … γοῦν τύχω: τυχεῖν dub. Vassis **319–320** ὥσπερ … θεωρίας Legrand **320** προὐτίθησι A: corr. Begleri

καὶ θαυμάσας πάγκλυτον ᾔνεσε κράτος,
δόξαν Θεῷ δοὺς εἵνεκεν θεωρίας
τῶν τηλικούτων καὶ τοσούτων πραγμάτων,
ὧν ἡ πόλις βέβριθε καὶ πλουτεῖ ξένως;
ἢ τίς πάλιν τ' ἤπειρον εὐσταλῶς τρέχων
ἀνὴρ ὁδίτης, ἔμπορος πεζοδρόμος f. 142v
μακρὰν διελθὼν καὶ πολύστονον τρίβον,
ὅταν προσίδοι ταῦτα πάντα μακρόθεν,
πύργους ὑπερτέλλοντας εἰς τὸν ἀέρα
χ' ὥσπερ γίγαντας εὐσθενεῖς βεβηκότας,
τοὺς κίονας μάλιστα τοὺς ὑπερτάτους
καὶ τοὺς δόμους ναούς τε τοὺς ἐπηρμένους
πρὸς ὕψος ἐξαίροντας ἄπλετον στέγην,
οὐκ εὐθὺς εὐφρόσυνον, ἥμερον βλέπει
ψυχὴν κατευνάζει τε ταῖς προθυμίαις
καὶ τέρπετ' εὐθὺς τὴν καλὴν πόλιν βλέπων,
τὴν χρυσόμορφον καὶ κατηγλαϊσμένην,
τὴν καὶ πρὶν ἐλθεῖν ἑστιῶσαν τοὺς ξένους
ταῖς μαρμαρυγαῖς τῶν ἑαυτῆς θαυμάτων,
φθάσας δὲ τεῖχος καὶ πύλαις προσεγγίσας
ἀσπάζετ' εὐθὺς καὶ κλίνας τὸν αὐχένα
κάτω πρὸς οὖδας πτύξατο κλεινὸν πέδον
καὶ «χαῖρε», φήσας, «κοσμοσύστατον κλέος»
εἰσῆλθεν ἔνδον τῆς χαρᾶς πεπλησμένος;
Ἀλλ' οἷς ἅπασι τοῖσδε θαύμασι ξένοις
καίπερ μεγίστοις οὖσι κ' ἔξωθεν λόγου
καὶ πᾶν καταπλήττουσιν εὔλαλον στόμα,
ὅμως ἔνεστι τοῦ λαλεῖν τε καὶ γράφειν
δεῖξαί τε τούτων πανσόφους τεχνουργίας,
πόθεν τε καὶ πῶς καὶ τίς ἤγειρε⟨ν⟩ τάδε
καὶ πῶς ποτ' ἐπλάσθησαν καὶ τίνι χρόνῳ
καὶ πῶς συνηθροίσθησαν ἐν τῇδε πόλει.

349 Pisid. Ep. 19.1 τῆς χαρᾶς πεπλησμένος **352** Sophron. Anacr. 12.77 Gig. στόμα δ' εὔλαλον (cont. Magnelli)

331 ἔμπειρος A: corr. Vassis **333** προσίδῃ Begleri, at cf. 923 **355** ἤγειρε A: corr. Begleri **356** πότ' A: corr. Begleri, Legrand

Ὅταν δ' ἀπίδω πρὸς Θεοῦ δόμον μέγαν,
τὸν τῆς Σοφίας οἶκον οὐρανοδρόμον,
ἐκ γῆς ἀναθρῴσκοντα πρὸς τὸν αἰθέρα
καὶ τοὺς χοροὺς φθάνοντα τοὺς τῶν ἀστέρων
(καὶ τὸν μετ' αὐτὸν δεύτερον πεφυκότα,
τὸν ἀστρολαμπῆ τῶν Ἀποστόλων δόμον)
καὶ τὸν σὺν αὐτῷ χαλκοσύνθετον στύλον
χρυσοστεφῆ φέροντα λαμπρὸν ἱππότην,
Ἰουστινιανὸν ἐκεῖνον ἄνδρα τὸν μέγαν
τὴν χεῖρ' ἐπεκτείνοντα πρὸς τὸν ἀέρα
καὶ «στῆθ' ἅπαν», φάσκοντα, «βάρβαρον γένος,
Μῆδοί τε Πέρσαι καὶ τὸ τῆς Ἄγαρ γένος,
ἀρχῆς ἐμῆς πόρρωθεν, ἔξω τερμάτων,
μήπως ἅπαντας ἐκ χθονὸς ἀμαλδύνω
σταυροῦ φέρων τρόπαιον ἠγλαϊσμένον·
οὗτος γάρ, οὗτος ἐθριάμβευσε κτίσιν,
ὅτε πρὸς αὐτὸν Χριστὸς ἥπλωσε⟨ν⟩ χέρας»,
ἔργοις τὸν οὐκ ἔχοντα σύγκρισιν μόνον
οὔτ' εἰς ἅμιλλαν ἐξισούμενον τρόπων
ἀνδρῶν ἁπάντων, ὧνπερ ἤνεγκε⟨ν⟩ βίος,
χ' ὧν εἰργάσατο πραγμάτων ἀσυγκρίτων
ἐν τῇ κρατούσῃ τῇδε τῶν σκήπτρων πόλει
(αὐτοῦ γάρ ἐστι πᾶν κατόρθωμα ξένον
καὶ πᾶν μέγιστον ἔργον ἐξηλλαγμένον),
ἔκθαμβός εἰμι καὶ λόγου παντὸς δίχα
οὐκ εὐπορῶν τὰ τοῦδε κἂν ποσῶς φράσαι
ἔχων ταπεινὴν καὶ δυσάντητον φρένα
καὶ τοῦ λογισμοῦ τὰς πύλας κεκλεισμένας
ἐκ τῆς προσούσης τῶν φρενῶν ἀγροικίας.
Πῶς οὖν κελεύεις τῶν Ἀποστόλων δόμου
τὸ πανάγαστον κάλλος ἐκφράσαι λόγοις

368–372 Proc. Aedif. 1.2.12 προτεινόμενος δὲ χεῖρα τὴν δεξιὰν ἐς τὰ πρὸς ἀνίσχοντα ἥλιον καὶ τοὺς δακτύλους διαπετάσας ἐγκελεύεται τοῖς ἐκείνῃ βαρβάροις καθῆσθαι οἴκοι καὶ μὴ πρόσω ἰέναι et Patria Const. 2.17, 159.13–17 Preger cont. Vassis **385** Pisid. van. vit. 1 τοῦ λογισμοῦ τὰς πύλας (cont. Magnelli)

358 ὅταν δ' ἀπίδω ad 382 ἔκθαμβός εἰμι spectat **374** ἥπλωσε A: corr. Vassis **377** ἤνεγκε A: corr. Begleri

εἰπεῖν τε τὴν σύμμιξιν ἄρρητον μέτροις
ἰαμβολέκτοις ᾀσμάτων πολυκρότων,
ὃν τὸ βλέπειν καὶ μόνον ἔκπληξιν φέρει,
μήτ᾽ αὖ γε τολμᾶν τοῦ λαλεῖν τι καὶ γράφειν,
ὦ κλεινὲ Κωνσταντῖνε, βλαστὲ πορφύρας f. 143r
καὶ σπέρμα τοῦ Λέοντος εὐγενέστατον,
οὗπερ φέρεις γνώρισμα τὸν μορφῆς τύπον
καὶ τὸ βρύχημα τῶν λόγων καὶ τὸ σθένος,
ὡς οἱ πάλαι Πέλοπος ἐξ ὤμων γένους
εἶχον τὸ πᾶν γνώρισμα μαρτυροῦν φύσει;
Ὅμως ἐς αὐτὴν τὴν χάριν τοῦ πνεύματος
θαρρῶν, ὁ πάντων ἀφρονέστατος πέλων
ἀνδρῶν, ὅσους ἤνεγκεν ἡ βροτῶν φύσις,
τὴν τοὺς μαθητὰς ἐμφορήσασαν πάλαι
γλώττας τε τούτων εὐλάλους εἰργασμένην,
εἶμι πρὸς αὐτὸν τοῦ λόγου ταχὺν δρόμον
δρομεύς τις ἄλλος Ἀσσαὴλ φανεὶς νέος
ἢ τῶν μαθητῶν ἄλλος ἠγλαϊσμένος
κούφοις ἰάμβων τοῖς ποσὶ περιτρέχων.
Καθὼς ἐκεῖνος σύνδρομος Πέτρου πέλων
θᾶττον παρῆλθε τὸν γέροντα τῷ δρόμῳ
πρῶτος κατιδεῖν τὴν ἀνάστασιν θέλων,
οὕτως κἀγὼ δίαυλον ἔνθεον τρέχων
πρώτιστος ἦλθον εἰς φράσιν κλεινοῦ δόμου
τοῦ τῶν μαθητῶν καὶ σοφῶν διδασκάλων,
ὅπως δι᾽ αὐτῶν τὴν πυρίπνοον χάριν
τοῦ πνεύματος λάβοιμι τοῦ σοφῶς γράφειν
λέγειν σαφῶς τε ⟨τὴν⟩ ὑπέρτιμον θέσιν
τοῦ τῇδε ναοῦ τῶν σοφῶν Ἀποστόλων
τῷ καλλινίκῳ καὶ σοφῷ μου δεσπότῃ

392 cf. Paul. Sil. S. Soph. 69 λόγους φανῆναι πρᾶγμα τολμῶνας φράσαι **399–404** cf. Paul. Sil. S. Soph. 102–3 θαρρεῖν δ᾽ ὅμως / ... ἄρχομαι **404–405** cf. Lyc. 14–5 ἄνειμι ... ὡς ... δρομεύς (De Stefani-Magnelli 2009, 602)

389 σύμπηξιν dub. Vassis (ft. recte, et cf. Pisid. Hex. 1379–1380 σφίγγουσα τὴν σύμπηξιν, ἄχρι τὴν δέσιν / λύσει τὸ τοῦ σφίγξαντος ἀρρήτως κράτος nec non et Ign. Diac. Adam 12 σύμπηξιν ἀρρήτῳ τάχει. considera etiam parechesin σύμπηξιν ... ἔκπληξιν) **407** ποσὶ⟨ν⟩ Vassis **416** suppl. Begleri, Legrand

Κωνσταντίνῳ, Λέοντος υἱῷ πανσόφου·
φιλεῖ γὰρ αὐτοὺς καὶ ποθεῖ ξενοτρόπως
ὡς ὄντας αὐτοῦ προστάτας σωτηρίους
κόσμου τε παντὸς ἀσφαλεῖς ποδηγέτας.

Σοφῷ βασιλεῖ δεσπότῃ Κωνσταντίνῳ
Κωνσταντῖνος γέννημα τῆς νήσου Ῥόδου.
Ἔκφρασις αὕτη τῶν Ἀποστόλων δόμου,
ἣν ἐξύφανεν ἐκ Ῥόδου Κωνσταντῖνος,
δῶκε⟨ν⟩ δ’ ἄνακτι πανσόφῳ Κωνσταντίνῳ
ὡς πατρὸς αὐτοῦ τυγχάνων πιστὸς λάτρις·
φιλεῖ γὰρ αὐτὸς τοὺς σοφοὺς Ἀποστόλους
καὶ τὸν φαεινὸν καὶ σεβάσμιον δόμον
αὐτῶν γεραίρει καὶ ποθεῖ ξενοτρόπως.
ἀλλ’, ὦ μαθηταὶ τοῦ φιλανθρώπου Λόγου
κόσμου τε παντὸς ἀσφαλεῖς ποδηγέται,
σώζοιτε τοῦτον ἐκ φθορᾶς καὶ κινδύνων
καὶ τῆς παρ’ ἐχθρῶν ἀθλίων κακουργίας,
ὡς ὄντες αὐτοῦ πρὸς Θεὸν παρασταται.

Λόφος τίς ἐστι μακρὸς αὐχένος δίκην
μέσην παρέρπων τὴν πόλιν Κωνσταντίνου
τὴν χρυσολαμπόμορφον ἠγλαϊσμένην,
λόφος θεοστήρικτος, ἐ⟨σ⟩φραγισμένος
ἀρχῆθεν ἀρχῆς εἰς νεὼν Ἀποστόλων,
ὅταν Τριὰς παρῆξεν εἰς φάος τόδε
κόσμου τὸ πᾶν σύστημα, θαῦμα τὸ ξένον,
γῆν οὐρανόν τε καὶ πυρὸς τὴν οὐσίαν
τῶν ὑδάτων τε τὴν κατάρρυτον φύσιν
καὶ τοὺς γενάρχας τοῦ βροτῶν παντὸς γένους·
λόφος μέγιστος ἑπτάδος κρατῶν λόφων

428 cf. Const. Rhod. AP 15.15.4 (= App. IV 1) (Κωνσταντῖνον) πιστὸν θεράποντα σκηπτούχοιο Λέοντος, Anon. Laud. Bas. I, v. 208 (A. Markopoulos, «DOP» 46, 1992, 231) πιστὸν ... λάτριν

419 πανσόφω A$^{a.c.}$, corr. s.l. **427** δῶκε A: corr. Vassis **438** μέσον A: corr. Legrand **440** ἐφραγισμένος A: corr. Begleri, Legrand

(ἑπτὰ γὰρ ἀντέλλουσιν ἔνδοθεν λόφοι
τῆς καλλιμόρφου καὶ σοφῆς Βυζαντίδος),
τῶν ἑπτὰ πολὺ πρόκριτος λόφων πέλων,
τέταρτος ἑστὼς ἐν μέσῃ κλεινῇ πόλει,
ὑπερφέρων ἅπαντας ὕψει καὶ πλάτει,
ὃς πρῶτος αὐγαῖς ἡλίου σελασφόροις f. 143v
καὶ τῶν σελήνης φρυκτωρεῖται λαμπάδων·
ἔνθ' ὁ κράτιστος τῶν Ἀποστόλων δόμος
ἀνίστατ' ἐκ γῆς κ' ἐμφανέστατος πέλει,
ὥσπερ τις ἄλλος ἀστροσύνθετος πόλος
πενταστρόμορφος, συγκροτούμενος κάραις
τρισὶ μὲν ὀρθαῖς, ταῖς δυσὶ δ' ἐγκαρσίαις,
δοκῶν ἅπασαν συμπερικλείειν πόλιν·
εὐρὺς γάρ ἐστιν, εὐρυσύνθετος λίαν
σταυροῦ φέρων τύπωσιν ἔνθεον ξένην.
Σταυρὸς γὰρ ἀρχὴ πίστεως χριστωνύμων
καὶ δόξα καὶ καύχημα τῶν Ἀποστόλων·
Χριστοῦ γάρ ἐστι σκῆπτρον ὡραϊσμένον,
δι' οὗ καθεῖλε τοῦ Σατὰν μέγα κράτος,
δι' οὗ σέσωσται τὸ βροτῶν ἅπαν γένος·
τῷ καὶ νεὼς ἄριστα τῶν Ἀποστόλων
σταυροῦ φέρει πρόγραμμα καὶ τὴν εἰκόνα,
οἶκος μαθητῶν χρηματίζων δεσπότου
σταυρῷ καταργήσαντος Ἅιδου τὸ κράτος.
Ἀλλ' οὖν κατ' ἀρχὰς οὐ τόσος μορφὴν πέλεν,
οὐδ' εἰς τοσοῦτον ὕψος ἐστηριγμένος
ὁ πανσέβαστος οὑτοσὶ κλεινὸς δόμος
ὁ τῶν μαθητῶν, ὦ τρισόλβιον γένος,
ἀλλὰ μικράν πως τὴν κατάστασιν φέρων,
Κωνσταντίου τὸ πρῶτον ἐκ θεσπισμάτων
λαβόντος ἀρχὴν τοῦδε παγκλύτου δόμου,

453–454 cf. Aesch. Ag. 489–490 λαμπάδων φαεσφόρων / φρυκτωριῶν τε **477** cf. Procop. Aed. 1.4.19 Κωνστάντιος μὲν βασιλεὺς τοῦτον δὴ τὸν νεὼν ἔς τε τὴν τιμὴν καὶ τὸ ὄνομα τῶν ἀποστόλων ἐδείματο

459 τρισὶ⟨ν⟩ ... δυσὶ⟨ν⟩ Vassis **461** εὐροσύνθετος A: corr. Begleri **477** Κωνσταντίου def. Downey, Vassis: Κωνσταντίνου Begleri, Legrand

ὁπηνίκα προὔβα⟨ι⟩νε πίστις ἔνθεος
καὶ φῶς τὸ Χριστοῦ πᾶσαν ηὔγασε κτίσιν·
οὗτος γάρ, οὗτος τὸν θεόπτην Ἀνδρέαν
ἐκ τῶν Πατρῶν ἤνεγκεν εὐσεβεῖ τρόπῳ
ἐξ Ἑλλάδος Λουκᾶν τε τὸν θεηγόρον
καὶ Τιμόθεον αὖθις ἐκ τῆς Ἐφέσου,
ὑπουργὸν Ἀρτέμιον εὑρηκὼς τότε,
τὸν θαυματουργὸν μάρτυρα στεφηφόρον,
πρὸ τοῦ δίαυλον μαρτύρων δραμεῖν ξένον·
κτίσας δὲ τόνδε τὸν περίκλυτον δόμον
καὶ σώματ' ἐνθεὶς ἐν σορῷ χρυσηλάτῳ
τοῦ τ' Ἀνδρέου Λουκᾶ τε καὶ Τιμοθέου
κλῆσιν παρέσχε τὴν προσοῦσαν ἀρτίως
τῶν καλλινίκων καὶ σοφῶν Ἀποστόλων,
οὐ τῶν τριῶν γε, τῶν δ' ὅλων πάντων ἅμα.
ἔπειτα, μακροῦ τοῦ χρόνου καὶ συντόνου
παριππάσαντος, ὁ κρατὺς καὶ γεννάδας
Ἰουστινιανὸς καθεῖλεν εἰς τὸ γῆς πέδον
καὖθις μετεσκεύασεν εἰς τὸ νῦν μέγα
καὶ σχῆμα καὶ πρόβλημα χ' ὕψωμα ξένον,
ὃ μήποτ' εἶδεν ἄλλο φέγγος ἡλίου,
μηδὲ βροτῶν τις ἔργον ἄθρησε⟨ν⟩ τόσον·
ἄλλος γάρ, ἄλλος οὐρανὸς νέος πέλει
στηριγμὸν ἐν γῇ τόνδε δεύτερον φέρων
πεντάστεγός τις σφαιροσύνθετος σκέπη
πᾶσαν περικλείουσα τῷ δοκεῖν πόλιν,
ἄστροισιν ἄλλοις κρείττοσι κεκασμένος.
Εἴπερ πόλον φάσκουσιν Ἑλλήνων λόγοι
φέρειν ἐν ἄστροις ἄνδρας, ἵππους, θηρία
ἄρκτους τε καὶ λέοντας ἠγριωμένους
ταύρους τε καὶ δράκοντας, οἴμοι τῆς πλάνης,
ἀλλ' οὖν ὁ κλεινὸς τῶν Ἀποστόλων δόμος

495 cf. Greg. Naz. Ep. 57,1 Gallay τὸ παριππεῦσαν ἔτος, al.

479 προὔβανε A: corr. Begleri, Legrand **482** Πατρῶν A$^{p.c.}$ **495** παριππεύσαντος A: corr. Vassis metri causa **496** ἰουστιανὸς A: corr. Begleri, Legrand **500** ἄθρησε A: corr. Begleri **505** κρείττοσι⟨ν⟩ Vassis

ἄλλοισιν ἄστροις μαρμαρύσσεται ξένοις,
τῶν φωτομόρφων εἰκόνων διαυγίαις,
λάμπουσιν ὥσπερ ἡλίου φαιδρὸν σέλας·
οὐ γὰρ τὸν Ὠρίωνος ἄγριον κύνα,
οὐδ' αὖ Ἄμαξαν τὴν παλίστροφον φέρει, f. 144r
οὐκ Ἄρκτον αὐτὴν τοῦ Διὸς παιδοτρόφον,
οὐ Πλειάδων χορείαν ἐζοφωμένην,
οὐ τὸν κεράστην Ταῦρον αἰσχρὸν Εὐρώπης,
οὐ βουφάγον Λέοντα τόν γ' Ἡρακλέους,
οὐ Τοξότην κένταυρον, ἔκφυλον τέρας,
οὐχ ἵππον αὐτὸν Πήγασον ταχυδρόμον,
οὐ τοὺς Διδύμους ἐκ Διὸς Λήδης κόρους,
οὐ τὴν τιθηνὸν τοῦ Διὸς Ἀμαλθίαν,
οὐκ Ἀργοναυτῶν τὸ τρισάθλιον σκάφος,
οὐκ Ἀνδρομέδας, οὐ γάμους τοῦ Περσέως,
οὐκ Ἀφροδίτης ἀστέρα καὶ τὸν Κρόνον,
οὐ τὰς Διὸς γονάς τε κἀρρητουργίας,
οὐκ ἄλλ' ὅσα πλάττουσιν ⟨οἱ⟩ μυθογράφοι,
ἀλλ' αὐτόν, αὐτὸν τὸν Θεοῦ πατρὸς Λόγον,
τὸν Χριστὸν ἀνδρωθέντα παρθένου κόρης
μητρός τ' ἀνάνδρου τοῦ βροτῶν χάριν γένους
καὶ θαύματ' αὐτοῦ πάντα, θαυματουργίας
θ' ἅ⟨σ⟩περ τέλεσεν ἐν βίῳ τῷδ' ἐμπρέπων.
Ἀλλ' ἀμφὶ τῶνδε θαυμάτων καὶ πραγμάτων
τὰ νῦν σιγάσθω τάξεως χάριν λόγος,
καιροῦ δ' ἐποτρύνοντος ἔμπαλιν φράσω
Θεοῦ θέλοντος καὶ λόγον δωρουμένου·
νῦν δ' ἀμφὶ ναοῦ σχημάτων πολυτρόπων
καὶ κτίσματος μάλιστα πάντῃ που ξένου

514 Eur. HF 1386 et praesertim Lyc. 45 ἀγρίαν κύνα cont. Magnelli

512 διαυγείαις A: corr. Vassis metri causa (at cf. Sternbach ad Pant. 274) **524** ἀργὸν αὐτῶν A$^{a.c.}$ **528** ἄλλα ὅσα πλάττουσι μυθογράφοι A: corr. et suppl. Maas (cf. sis Pisid. Van. 57 ἔπλαττον οἱ μυθογράφοι) **533** ἅπερ A: corr. Vassis | τέλεσσεν dub. Vassis, quod Paul. Sil. S. Soph. 779–780 ὅσα … / αὐτὸς ἄναξ (scil. Χριστὸς) ἐτέλεσσεν ἐπὶ χθονὶ ταρσὸν ἐρείδων fulcire vid.; at v. 10 τελέσας codicis lect. tutatur **534** τόνδε A: corr. Begleri, Legrand: τοῦδε dub. Vassis **539** παντί A: corr. Bartelink

εἰπεῖν ἀναγκαῖός με νύσσει τίς πόθος.
Κἂν μηχανουργῶν πραγμάτων εἰμὶ ξένος
γεωμετρῶν τε πανσόφου θεωρίας,
ὅμως ὁ δείξας τοὺς Ἀποστόλους Λόγος
διδασκάλους ἄνευθε γραμμάτων πάλαι,
αὐτὸς διδάξει τοῦ λαλεῖν με συντόνως
καὶ τῶνδε χωρὶς μηχανὰς πολυτρόπους
τῶν ὧνπερ αὐτοὶ συντεθείκασιν λόγων.
Ἀπάρχεται δὲ κτίσματος τοῦ παγκλύτου
ὁ τόνδε ναὸν πανσόφως ἀπαρτίσας,
εἴτ' Ἀνθέμιος εἴτ' Ἰσίδωρος νέος
(τούτων γὰρ εἶναι τοὖργον ἔκδηλον τόδε
ἅπαντες εἶπον ἵστορες λογογράφοι),
κύβου χαράξας γραμμικὴν θεωρίαν·
κύβος δὲ γραμμὴ τετρασύνθετος πέλει
ἴσας ἔχουσα πάντοθεν διαστάσεις
εἴτ' ἐξ ἀριθμῶν, εἴτε δ' οὖν καὶ γραμμάτων.
Τοῦτον χαράξας τὸν κύβον ὁ τεχνίτης
καὶ σχῆμα τοῦδε κυβικὸν πρὸς γῆς πέδον
πήσσει μὲν ὀρθῶς γωνίας κατ' ἐμβόλους
κάτω πρὸς οὖδας τέτταρας ἀντιστρόφους,
διπλᾶς ἁπάσας, διπλομόρφους εὐθέτους·
πήσσει δὲ πινσοὺς τετραρίθμους ἐξίσης
τῶν ὧνπερ εἶπον γωνιῶν κατ' ἐμβόλους,
τετρασκελεῖς τε τετραπλοῦς τῇ συνθέσει
τοὺς τὴν μέσην σφαῖράν τε καὶ τὰς ἀψίδας
φέρειν λαχόντας ἀσφαλῶς ἡδρασμένας.
Τόσαις τε πλευραῖς ἐξ ἑνὸς μεσομφάλου
ἀντιπροσώπους ταύτας ἐγκαταρτίσας,
διπλᾶς ἁπάσας, σταυρικῶς τεταγμένας,

544 διδασκάλων A: correxi, cf. v. 413 et Jo. Maurop. 11.13 L. διδασκάλους (scil. τοὺς ἀποστόλους) δείκνυσι (scil. τὸ πνεῦμα), Man. Phil. III 14.447–448 Miller μαθητὰς ... ἀποστόλους ... διδασκάλους | ἄνευθεν A, corr. Vassis metri causa **555** εἴσας A: corr. Begleri, Legrand **559** sq. locus perdifficilis. Heisenberg (et subinde Downey) κατ' heic et v. 563 haud iniuria "instar" («nach Art von») vertit, et ἐμβόλους "rostra"; "porticos" autem interpr. Wulff (et subinde Vassis). **562** πισσοὺς A$^{a.c.}$ πήσσει ... πινσοὺς ludit **563** ἐμβόλ A: corr. Begleri, Legrand **568** ταύτας scil. ἀψίδας, ut vid. (ita Heisenberg, Downey, Vassis). ad comma cf. 561

ἔπειτ⟨α δ'⟩ αὐτὸ τουτοῒ σχῆμα ξένον
πρὸς ἀντολὴν δύσιν τε καὶ μεσημβρίαν
ἄρκτον τε πήξας, πεντασύνθετον δόμον
576 σταυροῦ φέροντα τὸν σεβάσμιον τύπον
573 ἤγειρεν, ἐξέτεινεν, ἥπλωσε⟨ν⟩ μέγαν,
σφαίραις τοσαύταις ἐγκαλύψας τὴν στέγην
ὅσας περ ἐξήπλωσε κύκλῳ σφενδόνας
577 πλέκων δι' ἀμφοῖν ἁψίδα πρὸς ἁψίδα, f. 144v
κύλινδρον αὖθις τῷ κυλίνδρῳ προσπλέκων
πινσῷ τε πινσὸν ἄλλον ἄλλῳ προσδέων
καὶ σφαῖραν ἡμίτμητον οἷάπερ λόφον
ἄλλῃ συνάπτων σφαιρομόρφῳ συνθέσει.
Κάτω δὲ πινσοὺς γειτνιάζειν ἐξίσης
ἔταξεν ἄμφω τεχνικῶς καὶ πανσόφως
κρηπῖδας αὐτοῖς ἀσφαλεῖς ἐναρμόσας
σκέλη τε βάσεις ἰσχυρὰς ἀνενδότους,
μήπως διασπασθέντες ἀλλήλων βάρει
σφήλωσι κύκλους ἁψίδων ὑπερτάτους,
σφαῖραν δ' ὑποκλάσωσι πρὸς τὸ γῆς πέδον.
Οὕτως τὸ πῆγμα τοῦ νεὼ συναρμόσας
ὡς ἄλλο μηδὲν τῶν πρὸ τοῦδε κτισμάτων
ἐν τέτρασι τέσσαρας ἔστησε⟨ν⟩ βάσεις
τῶν πινσοπύργων τετραρίθμους ἐξίσης
τῆς τετράδος τὸ μέτρον πανταχοῦ φέρων,
ὡς ἑκκαίδεκα πινσοπύργους εὐθέτους
τετρασκελεῖς τε τετραπλοῦς τῇ συνθέσει
πάντας γενέσθαι καὶ τοσαύτας ἁψίδας
χωρίς γ' ἐκείνων τῶν ἄκρας λελαχότων,
οἳ τάξιν ἐσχήκασι τὴν πανυστάτην·

580 cf. Pisid. Hex. 98 σφαῖραν ἡμίτμητον (cont. Gonnelli) **581** cf. Pisid. Hex. 86 σφαιρομόρφῳ **586–588** cf. Paul. Sil. S. Soph. 477–479 ὄφρα κε μὴ λάιγγες ἐπ' ἀλλήλῃσι δεθεῖσαι / καὶ στυφελὰ στυφελοῖσιν ἐπ' ἄχθεσιν ἄχθεα θεῖσαι / νῶτα διαθρύψωσι

570 ἔπειτ' A: corr. Begleri **571** ἀνατολὴν A: corr. Begleri **576** post **572** transp. Heisenberg **573** ἥπλωσε A: corr. Begleri **585** ἀνενδότους A$^{p.c.}$ **591** τέτρασι⟨ν⟩ Vassis | ἔστησε A: corr. Begleri

οἱ μὲν γὰρ αὐτῶν ἔλαχον μεσημβρίαν,
οἱ δ' ἄρκτον αὐτήν, ἄλλοι δ' αὖ πάλιν δύσιν,
οἱ δ' ἀντολήν τε τὴν ῥοδόχρουν ἐς βάσιν·
οὕτως γάρ, οὕτως κυβικὸν σχῆμα θέλει
διαγράφεσθαι τετραρίθμῳ συνθέσει
ἴσας τ' ἐπίσης τῶν μερῶν βάσεις φέρειν.
Ἄλλοι δὲ πινσοὶ τετρασύνθετοι πάλιν
τετρασκελεῖς τε τετραπλοῖ τῇ συνθέσει
ἄνωθεν ὥσπερ ἐκ κενώματος ξένου
καθιδρυθέντες τοῖς κάτω τεταγμένοις
τὰς ἁψίδας αἴρουσι τὰς ὑπερτάτους,
αἵπερ δέχονται σφαιροσύνθετον στέγην,
κἄπειτ' ἀνατρέχουσιν ὡς πρὸς ἑσπέραν
αὐτὴν ὁδὸν τρέχοντες, ἥνπερ οἱ κάτω·
εἶτα πρὸς ἄρκτον ἔμπαλιν βεβηκότες
ἔστησαν αὐτοῦ τάξιν ἀσφαλεστάτην,
ὥσπερ στρατηγοὶ καὶ στρατάρχαι ταγμάτων
σταυροῦ δίκην φάλαγγας ἐκτετακότες·
εἶθ', ὡς γίγαντες ὑψόσ' ἐκβεβηκότες
καὶ χεῖρας ἐκτείνοντες εἰς τὸν ἀέρα
620 αὐτοὶ καθ' αὐτοὺς δεξιὰς πρὸς τὸν πέλας
619 καὶ δακτύλοις πλέξαντες ἄλλους δακτύλους,
621 δίκην κυλίνδρων εὐγύρων πολυστρόφων
ἁψίδας εἰργάσαντο κυκλοσυνθέτους,
αἷς τέτταρας τείνοντες εὐθέτους κύκλους,
οὓς σφενδόνας καλοῦσιν ἐργοσυνθέται,
σφαίρας δέχονται πενταρίθμους ἐξίσης·

599–601 cf. Paul. Sil. S. Soph. 459–461 ἡ μὲν ἐπὶ ζεφύρου τρέπεται πτερόν, ἡ δὲ βορῆος / ἐς κλίσιν, ἡ δὲ νότοιο, καὶ ὄρθριος ἔγρεται ἄλλη / εὗρον ἐπὶ φλογόεντα **620–619** cf. Paul. Sil. S. Soph. 469–470 ἄχρι συνάψῃ / πήχεας ἀμ[φ]οτέρωθε[ν ὁ]μ[ό]ζυγος ἄντυγι κύκλου **621** Paul. Sil. Amb. 259–260 περιηγέσιν … κυλίνδροις / εἰδόμενος

599 ἔλλαχον dub. Vassis metri causa **600** δύσιν ἄλλοι δ' αὖ πάλιν dub. Vassis metri causa **608** καθιδρυνθέντες A: corr. Vassis metri causa (cf. quidem Paul Sil. Amb. 278 ἐνιδρυνθεῖσα) **617** ὕψος A: correxi **620** ante **619** transp. Heisenberg **623** κύκλους εὐθέτους A: corr. Maas **624** ἃς A (def. Heisenberg): corr. Vassis | ἐργοσυνθέτους A: corr. Legrand **625** τετραρίθμους Vassis

πλὴν τὴν μέσην προύχειν τε δεσπόζειν θ᾽ ὅλων
ὁ τεχνίτης ἔταξεν εὐσεβεῖ τρόπῳ
μέλλουσαν εἶναι δεσπότου μέγαν θρόνον
τῆς εἰκόνος τε τῆς ὑπερτίμου σκέπην
τῆς ἐγγραφείσης ἐν μέσῳ κλεινοῦ δόμου.
Εἴποις ἂν αὐτὰς οὐρανὸν καταρτίσαι
ἐκ χαλκοτόρνων ἐμπύρων κυλισμάτων
κἀκεῖθεν αὐτὰς καππεσούσας ἁρμόσαι
ὤμοις καμαρῶν, ὡς κάρας χαλκεμβόλων
τῶν πινσοπύργων εὐπρεπῶς τε καὶ ξένως.
Τοίαις μὲν οὗτος καὶ τόσαις τεχνουργίαις
καὶ σχηματισμοῖς γραμμικῆς θεωρίας
ὅλον διαμπὰξ συγκατήρτισε⟨ν⟩ δόμον
τὸν ἀστρολαμπῆ τῶν σοφῶν Ἀποστόλων, f. 145r
εἴτ᾽ Ἀνθέμιος εἴτ᾽ Ἰσίδωρος νέος,
ὕλαις ἀπείροις μαρμάρων πολυχρόων
καὶ λαμπρότησι τῶν μετάλλων τῶν ξένων
ἐπενδύσας τε καὶ καλῶς συναρμόσας,
ὁποῖα νύμφην κροσσωτοῖσι χρυσέοις
ἢ παστάδα χρύσαυγον ὡραϊσμένην
ταῖς ἐκ λίθων τε μαργάρων φρυκτωρίαις,
τῶν ἐξ ὅλης σχεδόν γε τῆς οἰκουμένης
καὶ μέχρις Ἰνδῶν Λιβύης τε κ᾽ Εὐρώπης
τῆς Ἀσίας τε πανταχοῦ θρυλλουμένων,
ἐκ μὲν Φρυγίας συνάγων μακροὺς στύλους
καὶ Δοκιμ⟨ε⟩ίου, κίονας ῥοδοχρόους·

636–674 cf. Paul. Sil. S. Soph. 617–646

631 καταρτίσαι scil. τὸν τεχνίτην interpr. Heisenberg **638** συγκατήρτισε A: corr. Vassis **639** mg. add. man. rec. in A: δίκαιον εἶχεν ὁ βασιλεὺς Ἰουστινιανὸς νὰ λέγη, ὅτι οἱ θησαυροὶ τῆς βασιλείας του ἐξέλιπον εἰς τὴν οἰκοδομὴν τῶν δύω μεγίστων ναῶν, ἁγίας Σοφίας καὶ θείων ἀποστόλων· ὅρα γὰρ ἀπὸ ποῦ ἔφερε τὴν ὕλην, τὴν ὕλην τὴν ἐξαισίαν καὶ θαυμασίαν **642** μετάλων A: corr. Legrand: μεγάλων Begleri, at cf. Paul. Sil. S. Soph. 607 **646** h. e. λίθων καὶ μαργάρων, vide praef., XXII (cf. etiam Hörandner ad Thornicis Carm. 2.7) **648** -χρις Ἰνδῶν A$^{p.c.}$ | χ᾽ εὐρώπης A: corr. Legrand **649** τῶν pro τῆς A: corr. Vassis **651** κἀκ dub. Vassis, sed vv. 650–651 de uno eodemque marmore agere vid., eo videlicet quod «Pavonazzetto» appellatur (cf. vv. 661–662 ἐκ δ᾽ αὖ Λιβύης ... καὶ Καρχηδόνος), cf. R. Gnoli, Marmora Romana, Roma 1988², 49 n. 2) | Δοκιμίου A, corr. Vassis

ἐκ Καρίας δὲ λευκοπορφύρους πλάκας,
ἐκ δ᾽ αὖ Γαλατῶν κηρομόρφους συνθέτας,
ἐξ Εὐρώπης δέ χ᾽ Ἑλλάδος πολισμάτων
ἅσπερ Κάρυστος Εὐβοΐς τ᾽ ὄχθαις τρέφει
καὶ τῶν Λακώνων ἡ πολύστονος νάπη
πηγανομόρφους φυλλάσιν εἰκασμένας,
καὶ Θετταλῶν σμάραγδον ἐκμιμουμένας
μακρῶν διαυγῶν κιόνων πρασοχρόων
Ἀκυτανῆς τε πλακὸς ἠγλαϊσμένης.
ἐκ δ᾽ αὖ Λιβύης τερμάτων θηροτρόφων
καὶ Καρχηδόνος τῆς πάλαι θρυλλουμένης
ἡ τῶν ὀφιτῶν ἀγρίων στικτὴ λίθος
δεινῶν δρακόντων φωλίδα μιμουμένη,
κάλλος δὲ πυρσεύουσα πάντῃ που ξένον·
Αἰγύπτιος δὲ πορφύρας ἁλιτρόφου
πλάκας πέπομφε Νεῖλος ἠγλαϊσμένας
καὶ σαρδόνυχας Ἰνδικοὺς πολυχρόους
κἀκ τῆς Ἐρυθρᾶς ζάμβακας λευκοχρόους·
πλάκας δὲ Προικόνησος ἡ γείτων φέρεν,
ἃς εἰς πάτον γ᾽ ἔστρωσαν οἱ λιθοξόοι,
καὶ Κύζικος †βάθυγγος† εὐζώνους πλάκας
ἤνεγκεν ἄλλας ποικίλας πολυχρόους
καὶ τὰς Πάρος παρέσχε χιονοχρόους·
ἃς ὡς χιτῶνας ἐνδύσας τοὺς ὀρθίους
τοίχους, διεσφήκωσε πάντα τὸν δόμον
ζώναισι διτταῖς ἰσχυρῶς καὶ κοσμίως
κοσμήτας ἐνθεὶς ἀσφαλῶς ἡδρασμένους

662 cf. Eur. Ion 621 (v.l.) τῆς πάλαι θρυλουμένης (imitt. Theod. Prodr. Catomyom. 153, al.), cont. Magnelli

657 φύλλοισιν A: corr. metri causa Vassis | εἰκασμένους A: corr. Vassis | τ᾽ εἰκ- Vassis **658** ἐκμιμουμένους A: corr. Vassis **659** scil. (καὶ πλάκας) ἐκμιμουμένας τὸν σμάραγδον τῶν μακρῶν διαυγῶν κιόνων Θετταλῶν **660** πλάκας ἠγλαϊσμένας Legrand, ft. recte (cf. 667 πλάκας ... ἠγλαϊσμένας) **663** τῆς pro τῶν A: corr. Legrand **664** φωλίδα⟨ς⟩ Vassis **665** παντί A: corr. Bartelink **666** ἁλιτρόφος A: corr. Vassis **668** σαρδώνυχας A: corr. Legrand | Ἰνδικὰς A: corr. Vassis **669** ζάμβυκας dub. Vassis **672** κάθυγρος temptavi (cf. h. hom. Ap. 41 Σάμος ὑδρηλή): ῥάθυμος Downey **678** κοσμήτας: cf. LBG s.v.

ἐκ τετραγώνων μαρμάρων ἐζευγμένων,
δίκην στεφάνης συμπερικλείσας δόμον
δεσμοῖσιν ἀδάμαντος ἰσχυροτέροις,
ὡς ἂν μένοι μάλιστα μακρὸν εἰς χρόνον
καὶ μήτε σεισμοῖς ἐνδιδοῖ σεσαγμένος,
μήτ' αὖ τιναγμοῖς ἐντινάσ⟨σ⟩οιτο ξένοις,
ἀλλ' αὐτὸς αὐτοῦ πάντοτ' ἀτρέμας μένοι.
Τοὺς κίονας δὲ τοὺς ξένους καὶ τὴν φύσιν
καὶ τὴν χρόαν πέλοντας οὐκ ἔχω φράσαι
πόθεν τε καὶ πῶς κἀκ τίνος πάτρας γένος
φέροντες ἦλθον εἰς Ἀποστόλων δόμον,
οὓς ἀλλόφυλος ἀλλοδαπή τις φύσις
ἤνεγκε πέτρας ἐκφύλου τε καὶ ξένης·
διττούς τε γὰρ πέλοντας ἑκατὸν λίθων
φέρειν χρόας λέγουσι μαρμαρογλύφοι·
ἕκαστος αὐτῶν οἷάπερ λειμὼν ξένος
ἀνθῶν προβάλλει μυρίων βλαστῶν φύσιν.
Εἴποις τὸ παμβότανον ἐκ τούτων βρύειν
ἢ πληθὺν ἄστρων συμμιγῆ σελασφόρων
κύκλωθ' ὁποίαν ἐκτελεῖ γαλαξίας·
ὡς εἰσὶν εὐπρεπεῖς τε καὶ μορφὴν ξένοι
στάσιν λαχόντες ἀντολῆς σελασφόρου·
ὁ μὲν τὸ κλῖτος δεξιόν, ὁ δ' αὖ πάλιν f. 145v
ἀριστερᾶς εἴληχε τάξεως θέσιν.
Στοαῖς δὲ μακραῖς κίοσί τε παγκλύτοις
ὅλον δι' ἀμφοῖν τὸν ναὸν συναρμόσας
καὶ συμπεράνας, οἷα παστάδα ξένην,
ἀπηκρίβωσεν ἄλλον ἔνδοθεν δόμον
κύκλῳ περιτρέχοντα τὸν νεὼν ὅλον·
τοὺς κίονας δὲ πρὸς κατάστιχον θέσιν

679 ἐζεσμένων A: corr. Begleri, Legrand **682** μένη A: corr. Vassis **683** μήτε A: corr. Vassis | σεσεισμένος? nisi sit δεσμοῖσι σεσαγμένος h.e. catenis oneratus **684** ἐντινάσοιτο A: corr. Begleri, Legrand **692** λίθων A$^{p.c.}$ e λίθον (ut vid.) **695** προβάλλων A: corr. Legrand **697** σελασφόρον A: corr. Legrand **698** κύκλοθ' A: corr. Vassis: κυκλοῦσθ', ὁποίαν possis (cf. Ps.Man. 2.61–62 δίνησιν ὀϊόμεθά σφεας ἄστρων / κυκλοῦσθαι) **700** σελασφόρος A$^{a.c.}$, corr. s.l. **703** κίοσί⟨ν⟩ Vassis

ἔταξεν αὐτοῦ τὴν στοὰν συναρμόσας
ἐκ δεξιῶν τε καὶ κλίτους τοῦ δευτέρου
κύκλῳ τε πάντα τὸν νεὼν περιτρέχειν
ὡς ἂν νεωκόρους τε τοῦ θείου δόμου
καὶ μυσταγωγοὺς τῶν Θεοῦ τελεσμάτων.
Εἴποις κατιδὼν ταξιάρχας ταγμάτων
εἶναι μεγίστους ἢ τινὰς στρατηγέτας
δορυφόρους τε παντάνακτος δεσπότου.
ὧς εἰσὶ πάντες εὐπρεπῶς τεταγμένοι
καὶ τόν τ' ἀριθμὸν τῶν σοφῶν Ἀποστόλων
πληροῦντες ὀρθῶς ἐκ μερῶν τῶν τεττάρων,
ὡς πάντας εἶναι τοὺς κάτω τεταγμένους
τεσσαράκοντα κίονας πρὸς ὀκτάδι
τὴν τῆς στοᾶς φέροντας εὔγυρον στέγην.
κἀν τοῖς ἄνω δὲ ταὐτὸ μέτρον εὐλόγως
εὕροις ἀριθμῶν κίονας ῥοδοχρόους.
Λακαρικοῖς τε μαρμάροις διαγλύφοις,
ὁποῖα φυτοῖς βλαστομόρφοις ἀμπέλων
φύλλοις κομώντων βοτρύων πεπλησμένοις,
ἄλλοις τε πολλοῖς, ἄνθεσι μυριπνόοις
ῥόδοις τε καὶ κρίνοισιν ἐξεικασμένοις
καρποῖσιν ὡραίοις τε κεὐειδεστάτοις,
μιμουμένων ἄριστα τῶν λιθοξόων,
ὅλους καλύψας κυκλικοὺς τοίχους δόμου
μᾶλλον ⟨δ'⟩ ἐπενδύσας γε χιτώνων δίκην
τῶν ἐκ Σιδῶνος Συρίας τ' ἀφιγμένων
οὐρανόμορφον ἄλλον οἶκον ἐν πέδῳ
ἔδειξε τόνδε τὸν περίκλυτον δόμον,
ὡς ἥλιον μὲν Χριστὸν ἐγγεγραμμένον
φέροντα θαῦμα θαύματος Λόγου πλέον

709 post v. **705** iterum scr. et del. A **711** παντὶ A: corr. Heisenberg coll. v. 707 **720** mg. add. man. rec.: μη' κίονας **725** λευκαρικοῖς A: corr. Heisenberg μαργάροις A: corr. Legrand **726** ἀμπέλοις A[a.c.] ut vid. **727** ordo est, ut vid.: φυτοῖς β. ἀμπέλων πεπλησμένοις βοτρύων κομώντων φύλλοις: κοσμῶσιν Heisenberg **728** ἄνθεσι⟨ν⟩ Vassis **733** supplevi coll. v. 26: ⟨γ'⟩ Vassis | τε A: correxi | χιτῶνος A: corr. Legrand **734** δ' A: corr. Begleri (et subinde Heisenberg) **738** φέρων τὸ A: corr. Heisenberg

μέσον πρὸς αὐτὴν τὴν ὑπέρτιμον στέγην,
ὡς δ' αὖ σελήνην τὴν ἄχραντον παρθένον,
ὡς ἀστέρας δὲ τοὺς σοφοὺς Ἀποστόλους.
Χρυσῷ δὲ μίγδην ὑέλῳ πεφυκότι
ἅπαν κατεχρύσωσε τοὔνδοθεν μέρος,
ὅσον τ' ἐν ὕψει σφαιροσυνθέτου στέγης
χ' ὅσον λαγόσιν ἀψίδων ὑπερφέρει,
καὶ μέχρις αὐτῶν μαρμάρων πολυχρόων
καὶ μέχρις αὐτῶν κοσμητῶν τῶν δευτέρων
γράψας ἀέθλους καὶ σεβασμίους τύπους
τοὺς τὴν κένωσιν ἐκδιδάσκοντας Λόγου
καὶ τὴν πρὸς ἡμᾶς τοὺς βροτοὺς παρουσίαν.
Πρῶτον μὲν οὖν γε θαῦμα παρθένῳ κόρῃ
τὸν Γαβριὴλ φέροντα σάρκωσιν Λόγου
καὶ χαρμονῆς πληροῦντα ταύτην ἐνθέου,
τὴν παρθένον λαλοῦσαν εὐσταθεῖς λόγους
πρὸς τὸν στρατηγὸν τῶν ἄνω στρατευμάτων,
ζητοῦσαν ἑρμήνευμα τοῦ ξένου τόκου,
κἀκεῖνον αὖθις ἐκδιδάσκοντα τρόπον,
τὸν ὅνπερ αὐτὴ συλλαβεῖν σπορᾶς δίχα
μέλλεν τεκεῖν ⟨τ'⟩ ἄνακτα, κόσμου δεσπότην.
Τὸ δεύτερον δὲ Βηθλεὲμ καὶ τὸ σπέος,
τὴν παρθένον τίκτουσαν ὠδίνων δίχα
βρέφος τε σπαργάνοισιν ἠμφιεσμένον f. 146r
φάτνῃ πενιχρᾷ κείμενον ξενοτρόπως,
τοὺς ἀγγέλους μέλποντας ὕμνους ἐνθέους
δόξαν τε προσνέμοντας ὑψίστῳ Λόγῳ
ἐν γῇ τε τὴν πάντιμον εἰρήνην πέλειν
εὐδοκίαν τε πρὸς βροτοὺς ἀφιγμένην
ἐκ τῶν ἄνωθεν τοῦ Θεοῦ πατρὸς θρόνων,
τῶν ποιμένων εὔηχον ἄγραυλον λύραν
ᾄδουσαν ᾆσμα τῶν Θεοῦ γενεθλίων.
Τρίτον μάγους σπεύδοντας ἐκ τῆς Περσίδος
εἰς προσκύνησιν τοῦ παναχράντου Λόγου,
οὓς ἦγεν ἀστὴρ τοῦ φανέντος δεσπότου

746 μαργάρων A: corr. Legrand **747** vide ad 678 **759** μέλλει A: corr. Vassis τ' suppl. Vassis **763** φάτνης πενιχρᾶς A: corr. Heisenberg

ποδηγετῶν τε καὶ διδάσκων τὸν τόπον,
εἰς ὃν βασιλεὺς Ἰσραήλ, Θεὸς μέγας,
ἔμελλε τεχθήσεσθαι παρθένου κόρης,
ὥσπερ Βαλαὰμ ἐξεφώνησε⟨ν⟩ πάλαι
ἐθνῶν ἁπάντων κυριεύειν τοῦ κράτους
καὶ γῆς ἁπάσης προσλαβεῖν τὴν κυρίαν.
Τέταρτον αὐτὸν Συμεὼν τὸν πρεσβύτην
φέροντα Χριστὸν ὡς βρέφος ταῖς ἀγκάλαις
καὶ προσλαλοῦντα μητρὶ παρθένῳ τάδε·
«οὗτος, πάναγνε, πρὸς κακῶν πτῶσιν πέλει,
ἀνάστασιν δὲ τῶν βιούντων ἐνθέως·
ψυχὴν δὲ τὴν σὴν δίστομον λύπης ξίφος
πικρὸν διελθὸν καρδιῶν βροτησίων
βαθεῖς λογισμοὺς ἐκκαλύψει, παρθένε».
καὶ δῆτα καὶ γραῦν τὴν προφήτιδα ξένην
Ἄνναν προφητεύουσαν ἀμφανδὸν λόγους,
ἄθλους ὅσους ἔμελλεν ἐκτελεῖν βρέφος
οἵπερ τέλος τ' εἴληφον εἰς καιρὸν πάθους.
Βάπτισμα πέμπτον χερσὶ προσδεδεγμένον
ταῖς Ἰωάννου πρὸς ῥοαῖς Ἰορδάνου
πατρός τ' ἄνωθεν μαρτυροῦντος τῷ Λόγῳ
καὶ Πνεύματος φοιτῶντος ὀρνέου δίκην
περιστερᾶς εἰς εἶδος ἠγλαϊσμένον,
φωνῆς ἄνωθεν πατρὸς ἐξικνουμένης
καὶ μαρτυρούσης υἱὸν ἠγαπημένον
τὸν Χριστὸν εἶναι καὶ Θεοῦ πατρὸς Λόγον,
δι' οὗπερ εὐδόκησε τὸ βροτῶν γένος
ἐκ τῆς κρατούσης τοῦ Σατὰν τυραννίδος
ἅπαν ῥύσασθαι καὶ φθορᾶς ἀφαρπάσαι
σῶσαί τε τοὺς σέβοντας αὐτοῦ τὸ κράτος.
Ἕκτον πρὸς αὐτὸ τὸ τρισόλβιον τ' ὄρος

781 cf. Pisid. Ep. 95.3 ἡ γὰρ φέρουσα τὸν Θεὸν ταῖς ἀγκάλαις **802** cf. Pisid. Herac. Afr. red. 50 ἐξ αἱμάτων ἅπαντας ἁρπάσαι θέλων

777 ἐξεφώνησε A: corr. Begleri **791** εἴληφαν Legrand: εἰλήφασ' Begleri **792** προσδεδομένον A a.c. ut vid. **801** τὸν A: corr. Begleri, Legrand **803** nota sigmatismum

Θαβὼρ κατόψει Χριστὸν ἐμβεβηκότα
σὺν τοῖς μαθητῶν προκρίτοις τε καὶ φίλοις,
μορφὴν ἐναλλάξαντα τὴν βροτησίαν
καὶ μαρμαρυγαῖς ἡλίου σελασφόροις
λάμποντος αὐτοῦ τοῦ προσώπου βέλτιον
ὡς φῶς τε λευκῆς τῆς στολῆς δεδειγμένης·
Μωσῆν τε τὸν μέγιστον Ἠλίαν θ' ἅμα
μετ' εὐλαβοῦς τε καὶ σεβάσματος ξένου
καὶ συμπαρόντας καὶ συνεστῶτας θ' ἅμα
καὶ συλλαλοῦντας τοῦ πάθους τὴν εἰκόνα,
οὗπερ παθεῖν ἔμελλεν εἰσιὼν πόλιν,
φωτὸς νεφώδους συγκατεσκιακότος
αὐτόν τε καὐτούς, οἷς τὸ θαῦμα δεικνύει,
Θεοῦ τε πατρὸς μαρτυροῦντος ὑψόθεν
φωνῇ κραταιᾷ καὶ ξένῃ βροτῶν φύσει,
ὡς υἱός ἐστιν ἠγαπημένος λίαν
αὐτοῦ θεουδής, κἂν βροτῶν φύσιν φέρῃ·
ἧσπερ μαθηταὶ βροντηδόν τ' ἀφιγμένης
ἀκουτίσαντες κάπ⟨π⟩εσον τεθηπότες
εἰς γῆν προνωπεῖς καὶ κάτω νενευκότες, f. 146v
οὓς αὐτὸς ἐξήγειρεν ἐκβαλὼν φόβον
καὶ θάρσος αὐτῶν ἐμβαλὼν τῇ καρδίᾳ
εἰπὼν τὸ θαῦμα μηδαμῶς τὰ νῦν λέγειν,
ἕως ἂν αὐτὸς ἐξαναστῇ τοῦ τάφου.
Εἶτα κλινήρη πρὸς ταφὴν ἀφιγμένον
χήρας τὸν υἱὸν εἰσορᾷς †φωηφόρον†
καὖθις πρὸς οἶκον ἔμπαλιν ἐστραμμένον

819 cf. [Jo. Dam.] Can. 2.5 ῥώμῃ κραταιᾷ **825** cf. ad 146, add. Pisid. Hex. 4 εἰς τὴν ... ἐμβαλών μου καρδίαν

823 κἄπεσον A: corr. Begleri, Legrand **824** πρινωπεῖς A: corr. Begleri **826** αὐτοῖς A[a.c.], corr. s.l. **829** τάφον A, corr. Vassis metri causa | ft. πρὸς ταφὴν ἀπηγμένον, cf. Jo. Maurop. 23.4 L. πρὸς ταφὴν ἀπηγμένον (cf. enim Lc. 7.12 ἰδοὺ ἐξεκομίζετο τεθνηκὼς) **830** ἧς ὁρᾶς A[a.c.], corr. s.l. | φαιηφόρον Heisenberg: at φωηφόρον ft. ex v. 833 ζωηφόρον irrepsit (eratque prius ft. ἐφθαρμένον vel quid simile, cf. e.g. Cyr. Alex. Ep. Pasc. 1.6 (PG 77.765.50–51) νεκροὺς ... κατεφθαρμένους et Lc. 7.12 τεθνηκὼς)

χαίροντα καὶ σκαίροντα καὶ †χαρᾶς πεπλησμένον†
υἱὸν τὸν αὐτῆς ἐκ ταφῆς ζωηφόρον.
Τὸν Λάζαρον δὲ τετραήμερον πάλιν
τάφῳ κατατεθέντα καὶ σεσηπότα,
μυδῶντα νεκρὸν πάμπαν ἠλλοιωμένον
οὐλαῖς τε καὶ σκώληξι συμπεφυρμένον
ταῖς κειρίαις τε τοὺς πόδας καὶ τὰς χέρας
ἐσφιγμένον τε καὶ κατεσπειρωμένον
Χριστοῦ κελεύσει καὶ λόγῳ ζωηφόρῳ
ἐκ τοῦ τάφου πηδῶντα δορκάδος δίκην
καὶ πρὸς τὸν ὧδε τοὔμπαλιν βροτῶν βίον
παλινδρομοῦντα, τὴν φθορὰν πεφευγότα.
πώλῳ δ' ἔπειτα Χριστὸν ἐμβεβηκότα
καὶ πρὸς πόλιν μολοῦντα τῶν θεοκτόνων
κλάδοις τε δένδρων, βαΐοις τε φοινίκων
ὄχλους ἀνευφημοῦντας οἷα δεσπότην
πύλαις πρὸς αὐταῖς τῆς Σιὼν ἀφιγμένον,
«ὡσαννὰ» κραυγάζοντα νηπίων στόλον
υἱόν τε Δαβὶδ προσκαλούντων εὐλόγως
δήμου τε παντὸς ἐκβοῶντος ἐξόχως,
ὥστε κλονεῖσθαι τὴν θεοκτόνων πόλιν
καὶ συστρέφεσθαι ταῖς βοαῖς τῶν νηπίων,
πόλιν τάλαιναν τὴν Σιὼν τὴν ἀθλίαν,
ἣν Χριστὸς ἐκλαύσατο δάκρυσι ξένοις,
μὴ γνοῦσαν αὐτῆς εὔθετον σωτηρίαν,
μηδ' ἐντραπεῖσαν τόν ⟨γ'⟩ ἑαυτῆς δεσπότην.
Πρὸς τοῖσδε πᾶσι θαύμασι ξενοτρόποις
ὄψει, φέριστε, καὶ τόδ' ἔμπαλιν ξένον

841 NT Act. 9.36–40 cont. Magnelli **849** cf. Pisid. Ep. 27.5 τὸ ὡσαννὰ κράζοντες

832 χαρᾶς πλέον Legrand, χαρᾶς πλέω Begleri, haud male. sed scriba ft. recordatus erat versus 349 χαρᾶς πεπλησμένος (at vide praef. XXIII, n. 63). adde quod χαίροντα et χαρᾶς πεπλησμένον eodem versu vix placent: καὶ ⟨.... / .... καὶ⟩ χαρᾶς πεπλησμένον Vassis: possis χαίροντα καὶ σκαίροντα καὶ γεγηθότα (cf. Jo. Geom. Pant. 475 Sternb. βλέποντα καὶ θρῴσκοντα καὶ γεγηθότα, Nic. Hydr. 5.4 Gig. σκιρτᾷ κροτεῖ γέγηθε καὶ χαίρει σφόδρα) **856** αὐτῆς Begleri, Legrand **857** γ' add. Vassis metri causa, coll. 977

φρικτὸν θέαμα πάμπαν ἐξῃρημένον
γεγραμμένον μάλιστα πρὸς τοῦ ζωγράφου
ὡς ἄλλο μηδέν, ὧνπερ ἔγραψεν δόμῳ,
κινοῦν πρὸς οἶκτον δάκρυόν τε καρδίας
τῶν εἰσορώντων τοῦ πάθους τὴν εἰκόνα·
κἀν τῇ γραφῇ γὰρ συμπαθῶς ὁ ζωγράφος
ἔγραψε τοῦτο δρᾶμα κ' ἐσπουδασμένως,
Ἰούδαν αὐτὸν προδιδόντα δεσπότην
διδάσκαλόν τε πρὸς φόνον τὸν παντάλαν·
Ἰούδαν ἄλλον, Ἰσκαριώτην λέγω,
οὐ τὸν φέριστον συγγενῆ τοῦ δεσπότου,
ἀλλ' αὐτόν, αὐτὸν τὸν τρισάθλιον κύνα,
τὸν εἰς βίον πεσόντα μοίρᾳ παγκάκῳ,
τὸν εἴθε μήτρας μὴ διελθεῖν τὰς πύλας,
μηδ' ἐκπεσεῖν μάλιστα πρὸς τὸ γῆς πέδον,
αὐτῇ δὲ μητρὸς κατθανεῖν τῇ κοιλίᾳ,
λυγρὸν μαθητὴν καὶ κακότροπον λίαν
δείκτην γεγῶτα δεσπότου διδασκάλου
κἀπεμπολητὴν τοῦ Θεοῦ πατρὸς Λόγου
ἕκητι κέρδους λήμματος τοῦ δολίου
λαῷ πονηρῷ καὶ κατεστυγημένῳ,
δήμοις ἀτάκτοις τῶν ἀθέσμων Ἑβραίων,
σπεῖραν ὅλην λαβόντα τῶν θεοκτόνων,
νήριθμον ὄχλον ταῖς σπάθαις ὡπλισμένον
καὶ ταῖς κορύναις ῥοπάλοις τε καὶ ξύλοις,
φιλοῦντα δ' ὄψει σὺν δόλῳ τὸν δεσπότην
κἀπεμπολοῦντα τὸν διδάσκαλον φόνῳ, f. 147r
τιμὴν λαβόντα λημμάτων ὀλεθρίαν
τὴν ἀγχόνην τε κέρδος εἰσδεδεγμένον.
Ἔγραψε δ' αὐτοῦ τὸν τρόπον ὁ τεχνίτης
μορφῆς τε τὴν τύπωσιν ἠγριωμένην,

878 cf. Lyc. 341 ἀπεμπολητὴς τῆς φυταλμίας χθονός (De Stefani-Magnelli 2009, 602–3) **883** cf. Lyc. 415 νήριθμος ἑσμός (cont. Criscuolo)

872 παγκάκη A: corr. Begleri **878** κἀμπεμπολητὴν A (cf. K. Dieterich, Untersuchungen zur Geschichte der griechischen Sprache, Leipzig 1898, 92–95): corr. Legrand **882** ὅλην bis A **886** κἀμπεμπολοῦντα A (cf. ad 878): corr. Legrand

πρόσωπον ὠχρόν, τὰς γνάθους συνηγμένας,
στυγνὸν δὲ τ᾽ ὄμμα καὶ φόνου πεπλησμένον,
ῥῖνας πνεούσας θυμὸν ὥσπερ ἀσπίδων,
ὅλην ἀναιδῆ τοῦ προσώπου τὴν θέσιν,
φονῶντος ἀνδρὸς βλέμμα συντεταγμένον·
πόδες τε γὰρ σπεύδουσιν ἐκτεταμένοι
μακρὰ βιβῶντες εἰς ἀτάσθαλον τρίβον
καὶ χεῖρες ἄμφω συλλαβεῖν τὸν δεσπότην.
Εἴποις ἂν ἰδὼν οὐ βροτόν τινα βλέπειν,
ἀλλ᾽ αὐτόν, αὐτὸν τὸν πεσόντα πρὸς ζόφον
ἐκ τῆς θεαυγοῦς ἀγγέλων συνουσίας
Σατὰν τὸν ἀντάραντα πρὸς Θεὸν χέρα·
εἰσδὺς γὰρ αὐτὸς πρὸς βάθος τῆς καρδίας
Ἰούδα τοῦ τάλανος ἀθλιωτάτου
ὅλην ἀπεπλήρωσε τῆς πονηρίας,
ὅλην κατεσκεύασε δαιμόνων βάσιν,
φιλαργυρίας ἐμβαλὼν κακὴν νόσον
τῶν χρημάτων τε λύτταν ἠγριωμένην·
τοιοῦτος ἐστὶ πᾶς φιλάργυρος φύσιν
γνώμην θ᾽ ὁμοίαν Ἰσκαριώτῃ φέρει
καὶ προδίδωσι πάντα κέρδεος χάριν.
Ἀλλ᾽, ὁ προδοὺς ἑαυτὸν ἀνθρώπων ὕπερ,
σβέσον νοός μου τὴν φιλάργυρον νόσον
καὶ Λάζαρον πτωχόν με δεῖξον ἐν βίῳ
τοῦ πλουσίου με τῆς πυρᾶς ἀφαρπάσας.
Τὸ δ᾽ ἕβδομον θέαμα πάντων θαυμάτων
τὸ πανσέβαστον καὶ πανύμνητον πάθος
Χριστοῦ κατίδοις συμπαθῶς γεγραμμένον,
δι᾽ οὗ βροτῶν κάκιστον ἤμβλυνε⟨ν⟩ μόρον
καὶ πᾶν καθεῖλε τοῦ Σατὰν μέγα κράτος

897 cf. Hom. Il. 3.22, etc. μακρὰ βιβάντα (cont. Vassis) – cf. etiam Nic. Mesarit. Ss. App. 32.6 μακρὰ βιβῶντα

894 θέαν Begleri (cf. quidem Georg. Pisid. Hex. 177 τοῦ προσώπου τὴν θέαν et Nic. Eug. Dros. et Char. 2.71 = 4.132 = 7.141 Conca τοῦ προσώπου τῆς θέας, at vide Jo. Geom. Pant. 53 Sternb. τοῦ προσώπου τὴν θέσιν, ubi vero Morellus θέαν coni., Leone Sternbach paene assentiente) **896** ἐκτεταμμένοι A: corr. Begleri **899** βροτῶν Begleri **919** ἤμβλυνε A: corr. Begleri

θάμβους ἅπαντας ἐκπληρῶν δεδορκότας.
Τίς οὖν λιθώδη καρδίαν κεκτημένος,
ὅταν προσίδοι τοῦ πάθους τὴν εἰκόνα
καὶ τὴν τοσαύτην ὕβριν εἰς τὸν δεσπότην,
μὴ θάμβος εὐθὺς ἔνδον ἐν τῇ καρδίᾳ
σχοίη βλέπων γε πρᾶγμα πάντῃ που ξένον,
σταυρὸν φέροντα Χριστόν, ἐκτεταμένον
γυμνὸν κακούργων ἐν μέσῳ κατακρίτων,
τὸν ἀμνόν, οἴμοι, καὶ Θεοῦ πατρὸς Λόγον
τὸν ἐξάραντα τὴν βροτῶν ἁμαρτίαν
ἥλοις χέρας τε καὶ πόδας πεπαρμένον
λόγχης τε νυγμῇ πλευρὰν ἐξημαγμένον
ὄξους χολῆς τε γεῦσιν εἰσδεδεγμένον
κρεμάμενόν τε νεκρὸν ἐν σταυροῦ ξύλῳ,
τὸν ἑδράσαντα τήνδε σύμπασαν κτίσιν
καὶ τὰς νόσους λύσαντα τοῦ βροτῶν γένους
λῃστὴν ὁποῖα χ' αἵμασι πεφυρμένον;
Ἆ δῆμος ἐχθρῶν τῶν ἀθέσμων Ἑβραίων,
ἆ σπέρμ' ἐχίδνης καὶ δρακόντειον γένος,
ἆ παμπόνηρον ἔθνος ἔμπλεων φόνου.
Καὶ ταῦθ' ὁρώσης μητρὸς ἁγνῆς παρθένου
καὶ τοῦ μαθητοῦ συμπαρόντος τῷ πάθει
καὶ συντρίβοντος τὴν ἑαυτοῦ καρδίαν,
αὐτῆς δὲ μητρὸς συμπαθῶς μυρομένης,
δακρυρροούσης καὶ βοώσης ἀσχέτως·
«οἴμοι τόδ' οἴμοι, τέκνον, οἴμοι σὸν πάθος,
ὅπερ πέπονθας τῶν δίκης ἄνευ νόμων·
οἴμοι φάος μου, σπλάγχνον ἠγαπημένον, f. 147v
οἴμοι μόνης μόνον γε τέκνον ἀθλίας·
ποῦ Γαβριὴλ μοι ῥημάτων ὑποσχέσεις,

922 cf. Pisid. Hex. 1426 λιθώδης ... καρδία **950** cf. Ap. Rh. 4.359 ποῦ δὲ μελιχραὶ ὑποσχεσίαι βεβάασιν;

923 προσίδῃ Begleri, at cf. 333 **927** ἐκτεταμμένον A: corr. Begleri **932** ἐξηλλαγμένον A: correxi (cf. v. 937 et Man. Phil. Carm. I 17.1 Miller νεκρὸν θεωρῶν ἐκ σφαγῆς ἡμαγμένον / τὸν δεσπότην) **934** κρεμμάμενόν A: corr. Begleri, Legrand **937** αἵμασι⟨ν⟩ Vassis **938–940** ἃ ... ἃ ... ἃ A: corr. Vassis **947** δίχης A: corr. Begleri, Legrand

ἃς εἶπε πρός με πρὶν γενέσθαι σὸν τόκον;
Ποῦ σκῆπτρα Δαβὶδ καὶ θρόνος τ' ἐπηρμένος
μένων καθώσπερ ἥλιος σελασφόρος
αἰῶνος ἄχρι κἀτελευτήτων χρόνων;
Ἕωλα πάντα καὶ μάτην λελεγμένα.
Ταῦτ' ἄρα τοῦ γέροντος Συμεὼν λόγοι
ἃ νῦν τελοῦνται καὶ βλέπω πεπραγμένα,
ἐκεῖνα δ' αὖραι καὶ χάος λήθης φέρει·
ἰδοὺ γὰρ ἦλθε δίστομον λύπης ξίφος
ψυχῆς ἐμῆς οἴκτιστον ἐμποιοῦν μόρον,
ὡς ἦσ' ἐκεῖνος ὁ τρισόλβιος γέρων·
ἄλλων δὲ πάντων ἐρρύησαν οἱ λόγοι.
Τίς γάρ τ' ὄνησις ῥημάτων μακρῶν πέλει
τῶν εἰς πέρας τε μήποτ' ἐκβεβηκότων;
οἴμοι ταλαίνης, τῶν γυναικῶν ἀθλίας,
οἴμοι σπαραγμῶν καρδίας ἀνενδότων,
οἴμοι στεναγμῶν, οἷς στενάζω σὸν πάθος.
Ἐνῆν θανεῖν με μᾶλλον ἢ τάδε βλέπειν,
ἐνῆν γενέσθαι πέτρινον στήλην τάχα
ἢ τοῖσδε τοῖς κακοῖς με προσμένειν ὅλως.
Αἴ, αἴ με τὴν δύστηνον, αἴ με τὴν μόνην·
ἀβάλ', ἀβάλε μητρὸς ἀθλιωτάτης.
Ἔδυς, φάος μου, πρὸς τὸν ἑσπέρας δόμον·
πότ' ὄψομαι σῆς ἀντολῆς λαμπηδόνα;
Ἀπῆλθες ὡς ἥλιος εἰς δύσιν τάχα·
πότ' ὄρθρον ἴδω πρόδρομον σῶν ἀκτίνων;
Ἢ ποῖος ἀστήρ, τίς δὲ σός γ' ἑωσφόρος
προμηνύων μοι σὴν ἀνάστασιν, Λόγε;
Ἰδοὺ δὲ καὐτὸς ἥλιος σελασφόρος
ἔκρυψεν αὐγὰς καὶ σελήνη φωσφόρος,
γῆ δὲ κλονεῖται καὶ σπαράττεται τρόμῳ».

955 αἴωλα A: corr. Begleri, Legrand **964** μὴ δέποτ' A: corr. Vassis metri causa

ORTHOGRAPHICA

126 βορὰν A ‖ **134** Ποσειδῶ A ‖ **136** λεοντὴν A ‖ **153** χαλκὴ A ‖ **347** οὖδας A **560** οὖδας A ‖ **561** διπλὰς A ‖ **589** νεῶ A: corr. Begleri ‖ **606** τετραπλοὶ A **866** δράμα A

CONSTANTINI RHODII CARMINA SCOPTICA
THEODORI PAPHLAGONIS CARMINA SCOPTICA

EDIDIT GIOACCHINO STRANO

SIGLORUM COMPENDIA

CODICES ET VIRORUM DOCTORUM NOMINA BREVIATA, SIGLA CETERA

U	Urb. Gr. 95, saec. XIV
$U^{mg.}$	U in margine
$U^{a.c.}$	U ante correctionem
$U^{p.c.}$	U post correctionem
$U^{s.l.}$	U supra lineam
Allacci	Vallicellianus Gr. 184 Martini (= Allacci XCIV 56. et 57.), a Leone Allacci exaratus
$Allacci^{2}$	Vallicellianus Gr. 206 M. (= Allacci CXXX. 2.), a Leone Allacci exaratus
$Allacci^{3}$	Vallicellianus Gr. 207 M. (= Allacci CXXXI), a Leone Allacci exaratus
Allacci mg.	marginalia Leonis Allacci in oris codicum Vallicellianorum Gr. 206 et 207
Lauxtermann	M.D. Lauxtermann
Matranga	P. Matranga
Sternbach	L. Sternbach
cf.	confer
coll.	collato, collatis
corr.	correxit
dub.	dubitanter
ft.	fortasse
laud.	laudavit
l.l.	loco laudato
mg.	margine
scil.	scilicet
s.l.	supra lineam
s.v.	sub voce
v.	versus, versum, versu

I

180v U

ΤΟΥ ΡΟΔΙΟΥ ΚΩΝΣΤΑΝΤΙΝΟΥ ΠΡΟΣ ΤΟΝ ΧΟΙΡΟΣΦΑΚΤΗΝ ΛΕΟΝΤΑ

Ἀλλ' ὡς μακελλεὺς καὶ σφαγεὺς χοίρων πέλων,
κλήσεις ἄκουε σῶν καλῶν σπουδασμάτων,
ὧν ἄξιος πέφυκας δύσμορε κλύειν,
ἐκ σπαργάνων τούτοισιν ἐντεθραμμένος·
ἀλλαντοχορδοκοιλιεντεροπλύτα·
ὀρνιθοχηνονηττοπερδικοπράτα·
λακτεντοχοιροκριοβουτραγοσφάγε·
πλαστιγγοζυγοκαμπανοσφαιρωστάτα·
καπηλομηνομετροκαυκαλογλύφε·
λαρυγγοφλασκοξεστοχανδοεκπότα·
κασαλβοπορνομαχλοπρωκτεπεμβάτα·
ὀλεθροβιβλοφαλσογραμματοφθόρε·
σολοικοβαττοβαρβαροσκυτογράφε·
καὶ ψευδομυθοσαθροπλασματοπλόκε
Ἑλληνοθρησκοχριστοβλασφημοτρόπε·
καὶ παντοτολμοψευδομηχανορράφε·
καὶ τρωκτοφερνοπροικοχρηματοφθόρε·
ἀρρητοποιονυκτεροσκοτεργάτα·
καὶ νεκροτυμβοκλεπτολωποεκδύτα·
καὶ ταβλοπεττοβολοπυργοσυνθέτα·
βαρβιτοναβλοπλινθοκυμβαλοκτύπε·
καὶ ψαλτοχορδοσαμβυκοργανοκρότα·
κορνουτοπαρθενοτριβοψυχοφθόρε·
καὶ μοιχοπαιδοδουλοσκανδαλεργάτα·
πρεσβευτοκερδοσυγχυτοσπονδοφθόρε·
καὶ κοσμολεθροσυμφοροπλανοσπόρε·

1.6 -νητ- U: corr. Sternbach **1.7** λακτεντο- «Spanferkel» LBG s.v. **1.8** an -σφαιροστ-? **1.9** -μινο- (scil. e μῖνα) Sternbach, ft. recte, cf. seq. -μετρο- et praesertim Scopt. 2, 19 τορνομινοσκυφοβαυκαλογλύφοις. ad thema -ο- cf. v. 21 -ναβλο- e νάβλα **1.11** cf. κασαλβάς | προικτ- U: corr. Sternbach et rursus LBG s.v. **1.13** -σκυθο- dub. De Stefani, -σκοτο- Sternbach **1.15** cf. Strano 2008, 19 | -θρισκο- U: corr. Allacci **1.21** βαρβητο- U: corr. Allacci | -πλινθο- perquam dubium: πλινθίς «Auszug der Wassergorgel» cont. dub. LBG s.v.: -πληθο- Lauxtermann, coll. πληθίον "tympanum", ft. recte **1.25** cf. Strano 2008, l.l.

λεκανομαντοψευδορηματεκφόρε·
καὶ ζωοθυτοκαρδιηπατοσκόπε·
κακοῦ τε παντὸς ἐργεπιστήμων ξένε·
ῥύπασμα κόσμου καὶ γέλως Βυζαντίων·
κοινὸν κάθαρμα τῆς ὅλης οἰκουμένης·
τέκνων ἐραστά, τῶνπερ ἔσπειρας τάλας·
φθορεῦ γυνάνδρων, καὶ νέων ἀσωτία·
κακῶν ἁπάντων συμμιγὴς ἀρρωστία.

2

181r U

ΤΟΥ ΑΥΤΟΥ ΠΡΟΣ ΘΕΟΔΩΡΟΝ ΕΥΝΟΥΧΟΝ ΠΑΦΛΑΓΟΝΑ

Οὐ γάρ τις αὐτῶν ἀξιόχρεως πέλει,
οὐ χειρὸς ἔργοις, οὐ λόγων κομψεύμασιν,
οὐκ ἐν ποιηταῖς, οὐ τραγῳδιογράφοις·
οὐ τοῖς πλέκουσι τὰς σοφὰς κωμῳδίας·
οὐ δεινότητι ῥητόρων γαυρουμένοις·
οὐ πεζολέκταις, οὐχ ἁπλῶς λογογράφοις·
οὐ πεντάθλοισιν, οὐκ ὀλυμπιονίκαις·
οὐκ ἐν στρατηγοῖς καὶ δοκίμοις ἀνδράσιν·
οὐκ ἐν παλαισταῖς ἢ ποσὶ ταχυδρόμοις,
ἀλλ’ ἔν τ’ ἀγύρταις, ἔν τ’ ἐπιτρίπτοις μόνον·
ἐν ὀστρακοθρύπταισιν, ἐν λιθοξόοις·
ἐν τοῖς προσαίταις, ἐν πενήτων ὁρμαθῷ·
ἐν ἀρτοχανδοψωμολεθροπαμφάγοις·
ἐν ὀψοποιολαρδοκαπηλεμπόροις·
ἐν χοιροκριοταυροβουτραγοσφάγοις·
ἐν σκομβροθυνορκυνοδελφιναγρέταις·
ἐν λεπτοσαυριδοστρεοκτενοπράταις·
ἐν σειροπλεκτοκρομμυοσκορδοπλόκοις·
ἐν τορνομινοσκυφοβαυκαλογλύφοις·
ἐν ἀμπελουργοταφρολισκαρεργάταις·

1.34 ἀρωστία U **2.7** πεντάθλησιν U: corr. Matranga **2.10** ἐπιτρύπτοις U: corr. Matranga **2.19** «Minen?» LBG s.v.; recte, cf. Scopt. 1.9 **2.20** cf. λισγάριον

ἐν μηλολεπτοκαροκαστανοπράταις·
ἐν σμερδοσαπρολαρδοταριχεμπόλοις·
ἐν κοπροκαλανοπλυτοσκατεκφόροις·
ἐν ἀρκοπαικτολωποχιτωνεκδύταις·
ἐν κλεπτοτυμβονυκτεροσκοτεργάταις·
ἐν πᾶσιν οἷς ἔνεστι συρφετὸς βίος,
ἐν τοῖσιν ἐστὶν εὐδόκιμον σὸν γένος,
ὦ βυρσοδεψοπαφλαγὼν κακὸν τέρας·
λοιπὸν παλιγκάπηλε, φράττε σὸν στόμα·
καὶ χοῖρος ὢν ἄνωθεν ἐκ μακροῦ γένους,
καὐτῆς δὲ πάτρας χοιροβαλανοτρόφου,
τρανῶς ἄκουε χοιροπαφλαγὼν νέε,
καὶ βόσκε χοίρους, ὡς γένος χοίρων πέλων,
καὶ τρῶγ' ἄκυλον καὶ διαιτῶ κανθάρους,
καὶ γαστέρ' ἐξόγκωσον εἰς ὅσον σθένεις,
καὶ μὴ λόγους μάταζε χοιρώδεις γράφων,
ἀλλ' ὡς συὸς γέννημα, γρυλλίζειν μάθε,
καὶ σκὼρ μασᾶσθαι καὶ δυσώδη κοπρίαν,
ἕπου τε μητρὶ πυκνὰ πυκνὰ γρυλλίζων·
ὅταν δὲ καιρὸς τῆς σφαγῆς χοίρων φθάσῃ,
τότε σφαγήσῃ καὐτός, ὡς χοίρων γένος.

Κωνσταντίνου Ῥοδίου ἐν σκωπτικοῖς ἰάμβοις εἰς Θεόδωρον Εὐνοῦχον Παφλαγόνα, τὸν ἐπονομαζόμενον Βρέφος, λαβόντες ἀρχὴν ἀπὸ τοιαύτης αἰτίας· γράψαντος γὰρ Κωνσταντίνου ἔν τινι βίβλῳ περιεχούσῃ βίβλους τῶν παλαιῶν φιλοσόφων, γνώμην τοιαύτην, δι' ἰάμβων ἔχουσαν οὕτως·

2.28 cf. Arist. Eq. 47 ὁ βυρσοπαφλαγών, Eq. 44 et Nub. 581 βυρσοδέψην Παφλαγόνα

2.21 cf. λεπτοκάρυον **2.22** -εμπόροις Allacci **2.23** -καλανο- h. e. -καναλο-: -βαλανο- Sternbach **2.24** ἀρκοπαικτο-, siquidem sanum est, ad ἀρκοπαίκτης, h. e. bestiarum domitorem refertur | -χιτο- U: corr. Allacci **2.28** -γὸν U: corr. Allacci **2.32** χοιροπαφλάγων U: correxi coll. Sc. 13.32 (ubi U -ὼν) et Ar. Eq. 47 **2.36** h.e. μάτᾳζε, at non oportet corrigas **2.38** σκῶρ possis, at non opus

3

Σοφὸς μὲν οὐδεὶς εὑρεθήσεθ' ὡς θέμις,
ἐν τῷ καθ' ἡμᾶς δυστυχεστάτῳ χρόνῳ,
σκάζουσι γάρ πως οἱ δοκοῦντες ἐξέχειν·
μωροί δὲ πλεῦνες εὐτυχοῦσιν ἀρτίως,
φορὰ γὰρ αὐτῶν ἦλθε πάντῃ που ξένη.

4

Ἀντέγραψε δὲ πρὸς ταῦτα Θεόδωρος ὁ Παφλαγὼν οὕτως·

Οὐ πάντες εἰσὶ τῶν φρενῶν ἡττημένοι,
ὡς εἶπας, ὡς ἔγραψας, ὦ μωρῶν πέρα·
σοφοὶ δὲ πολλοί· δεῖ δὲ καὶ παραφρόνων·
ὧν αὐτὸς ἦσθα πάντα κωμῳδῶν μάτην.

5

Πρὸς ταῦτα προοιμιάσατο Κωνσταντῖνος Ῥόδιος οὕτως·

Ἐγώ, μὰ τὸν φύσαντα τὸ βροτὸν γένος,
καὶ τὴν ὅλην σύμπηξιν εἰς τὸ νῦν φάος
τοῦ τῇδε κόσμου τοῦ παναθλιωτάτου,
ὃν βάσκανος νοῦς καὶ πονηρὰ καρδία
τοῦ πρὶν πεσόντος ὑψόθεν, Σατὰν λέγω,
εἰς προῦπτον ἐξώθησε Ταρτάρου ζόφον,
οὐ σκωπτικῶς προσεῖπον ἄσχετον λόγον,
φθονῶν σοφοῖσι μὴ σοφὸς πέλων τάχα·
ἀλλ' οὖν γε παίζων, μετριάζων τοῖς φίλοις,
εἶπον προσηνῶς καὶ φθόνου παντὸς δίχα· 181v U
ἐπεὶ δ' ὁ παγκάκιστος οὑτοσὶ φθόνος,
ὁ σοῖς κατοικῶν ἐγκάτοις ἀποκρύφοις,
ἔτυψε τὴν σὴν βάσκανον, τάλαν, φρένα,

3.1 εὑρεθήσετ' U: corr. Allacci[2–3]   **4** ft. ἀντέγραψε δὴ   **5.9** πέζων U: corr. Allacci **5.11** οὑτωσὶ U: corr. Allacci   ad **5.13–14** ἔτυψε … σκώπτειν cf. Ss. App. 540 εἰπεῖν … νύσσει τις πόθος

σκώπτειν περ ἄνδρα μηδὲν ἠδικηκότα,
χαίρων πρὸς αὐτὴν ἔρχομαι, ψυχοφθόρε,
τὴν ἥνπερ αὐτὸς ἔστησας πάλην λόγων,
βάψας χερῶν μου δακτύλους πολυστρόφους
ἐν τῇ κονίστρᾳ, τῇπερ ἔσκαψας, τάλαν·
ἔρχου τὸ λοιπὸν εἰς μεταίχμιον μάχης,
ὡς ἄν περ ὄψει σώματος παναθλίου
ὤκιστον αὐτοῦ καὶ πανοίκτιστον μόρον·
ἄρχου τὸ λοιπὸν τῆς μάχης ὡπλισμένος,
εἴτε τριμέτροις τῶν ἰάμβων τοξόταις,
εἴτ' αὖ μελιχραῖς συλλαβαῖς πεζοδρόμοις·
ἡρωϊκῶν γάρ, γύνις ὢν θηλυδρίας,
οὐδ' εἰς ὄναρ τὸ μέτρον ἔδρακες στίχων.

6

Ἕτερον προοίμιον τοῦ αὐτοῦ

Ἐπεὶ πτερῶν τέττιγος ἐδράξω, τάλαν,
τοὐμοῦ σιγῶντος, καὶ λαλεῖν πεπαυμένου,
ὦ Παφλαγὼν πανοῦργε, παντεφθαρμένε·
ἐπεί τ' ἐγαργάλιξας αὐτῷ δακτύλῳ
καὶ μὴ θέλοντα προσλαλεῖν σκώπτεις μάτην·
αὖθίς τε τοῦτον ἐκβιάζει πρὸς μάχην,
εἰρηνικὸν τελοῦντα καὶ πρᾶον βίον,
ἄκουε λοιπὸν ᾠδικὰς μουσουργίας,
ἃς ᾖσεν ὡς μάλιστα τῆς σῆς ἐκ βίας,
μέλπων ἄριστα σὸν γένος καὶ πατρίδα·
Μοῦσαι γὰρ ἐξέθρεψαν αὐτὸν ἐν λόγοις,

5.18 cf. Const. (Sic.?) 3.46 Spadaro ἐν κονίστρᾳ τῶν λόγων **6.1** Archil. fr. 223 W.^{2} τέττιγος ἐδράξω πτεροῦ. cf. Const. (Sic.?) 3.26 Spadaro τέττιγος ἐδράξαντο τοῦ πτεροῦ τάχα (imitatores laud. West ad Archil. l. l.) **6.3** Arist. Eq. 44–5 Παφλαγόνα / πανουργότατον **6.8** vide ad Ss. App. 285

5.16 πάλιν U: corr. Allacci (cf. Scopt. 15.3 πάλας ... λόγων) **5.21** ὤκιστον U$^{a.c.}$: ὤκυστον U$^{p.c.}$, quod recepit Matranga (correxerat Sternbach) **6.3** παντεφθαρμένως U$^{p.c.}$ **6.6** ἐκβιάζῃ U$^{s.l.}$ **6.8** μελουργίας U$^{s.l.}$

Μοῦσαι γλυκεραί, Χάριτές τε παρθένοι,
ἐξ ὧν πεπωκὼς ἀφθόνως γλυκὺ γάλα,
γοργῶν ἰάμβων ἐξερεύγεται κρότους,
ἄλλως μὲν ἄλλοις ἡδονῆς παραιτίους,
σοὶ δ' αὖ κέρασμα πικρίας πεπλησμένον,
ὑπὲρ χολὴν τῆς ὕδρας, ὑπὲρ ἀσπίδων·
ὅπερ πιών τε καὶ κατασχὼν ἐγκάτοις,
εὐθὺς ῥαγήσῃ τὴν νηδὺν τὴν ἀθλίαν·
ὡς ἂν μάθῃς, κακοῦργε, μὴ κινεῖν μάτην
εὕδοντ' ἐμὸν τέττιγα τὸν Μούσαις φίλον·
μηδ' εἰς σπέος λέοντος ἐμβαλεῖν πόδας,
ἄνανδρος ὢν μάλιστα καὶ θηλυδρίας.

7
Εἶτα ἀπεκρίθη πρὸς τὴν τοῦ Παφλαγόνος γνώμην οὕτως·

Οὐ πάντας, ἄφρον, ἀφρονεστάτους γράφω·
οὐδ' αὖ σοφούς, ἄπαγε τῆς πονηρίας,
τοῦ νῦν διώκω παντελῶς ἔξω χρόνου·
ἀλλ' οὖν πιφάσκω, μὴ σοφοὺς εἶν' ὡς δέον,
πληθὺν σκοπῶν ἄμετρον οὖσαν ἀφρόνων.

8
Εἶτα Θεόδωρος ὁ Παφλαγών

Εἰ πάντες, ἄφρον, ἄφρονες καθὼς γράφεις,
πρῶτος, κακοπρόσωπε, μορμωτὸν τέρας,

6.19 cf. Opp. An. Hal. 2.210 νηδὺς ... διὰ πᾶσα ῥαγείη **6.20–21** cf. (de Hipponacte) Leon. AP VII 408.1–2 = HE 2325–6 μὴ τὸν ἐν ὕπνῳ / πικρὸν ἐγείρητε σφῆκ' ἀναπαυόμενον, Phil. Thess. AP 7.405.4 = GPh 2864 μή πως ἐγείρῃς σφῆκα τὸν κοιμώμενον **6.22–23** ad epigrammata de eunucho Phrygio et leone alludit (AP VI 217–220)

6.12 γλυκηραί U: corr. Matranga. γλυκηρ- nonnumquam invenitur (Rom. Mel., Suid.), at correctio (cum prosodiae errore) longe praestat **6.18** ἐγκάτεις U: corr. Matranga **7.4** πιφαύσκω Allacci[2–3], πιφαύσκων Allacci[2] mg.

καὶ δυσθέατον καὶ τρόμου παντὸς γέμον,
μωρῶν πέφηνας αὐτὸς ὁ γράφων τάδε.

9
Εἶτα Κωνσταντῖνος ὁ Ῥόδιος.

Οὐ τοῦτ' ἔλεξα, παντορέκτα καὶ πλάνε,
καὶ παμβέβηλε Παφλαγὼν πεπαρμένε,
ὡς ἄφρονες πέλουσι πάντες ἐν βίῳ,
κοὐκ ἔστιν οὐδεὶς τῶν φρονούντων εἰς ἅπαξ,
βρόχοις ἁλόντος μωρίας βροτῶν γένους·
ἀλλ' οὔτις ἐστὶν ἄρτι τῶν σοφῶν, τάλαν,
τυχὼν περισπούδαστος ἄξιος λόγου,
καθὼς τὸ μωρὸν εὐτυχεῖ στίφος, πλάνε·
πρὸς ταῦθ' ὑπάντα καὶ γράφε, κακὸν κάρα,
καὶ μὴ πρὸς ὕβρεις γλῶτταν ἄστεγον τρέπε.

10
Εἶτα Θεόδωρος ὁ Παφλαγών

Εἰ τῶν σοφῶν λέλοιπε τάξις ἐν βίῳ,
μωρῶν δὲ πλήθη πανταχοῦ βροτῶν πέλει,
τούτοις ἀρίθμει σαυτὸν εὐήθως γράφων· 182r U
ποῦ γὰρ σταθήσῃ, μὴ διδοὺς σοφοῖς τόπον;

9.1 cf. Anacreont. 11.11 W. παντορέκτᾳ

8.4 πέφυνας U: corr. Allacci: etiam πέφυκας possis **10** Εἶτα – Παφλαγών U[mg.] **10.2** nota consonas π- π- β- π- consulto iteratas **10.3** ἀρίθμοι U: corr. Allacci: ἀριθμοῖ⟨ς⟩ etiam possis

11
Εἶτα Κωνσταντῖνος ὁ Ῥόδιος

Οὐ πάντας ἁπλῶς τοὺς βροτοὺς μωροὺς γράφω,
οὐδ' αὖ πλάτος γῆς ἀφρόνων μεστὸν πέλειν
εἶπον, μολοβρέ, μὴ θράσυνου παμφάγε·
ἀλλ' εἶπον, ὦ κάκιστε, μὴ σοφοὺς πέλειν,
καθὼς ἄμετρός ἐστιν ὄχλος ἀφρόνων.

12
Εἶτα Θεόδωρος ὁ Παφλαγών

Ἅπαξ σοφοὺς ἅπαντας ἐκβαλὼν χρόνου,
μὴ σεμνομύθει, μηδ' ἐριστικῶς γράφε·
πρὸς σοῦ γὰρ ὄντως, ἄφρον, ἄφρονας βίος
μόνον λοχεύει, καὶ γένη μωρῶν τρέφει.

13
Εἶτα Ῥόδιος

«Σοφῶν μὲν οὐδεὶς» εἶπον «ἐν τῷ νῦν χρόνῳ»,
ὦ Παφλαγὼν νήκουστε τῆς Μουσῶν λύρας·
μωροὺς δὲ πλεῦνας τῶν σοφῶν πεφυκέναι,
ἀλλ' οὐχ ἅπαντας ἄφρονας βροτοὺς πέλειν,
καθὼς γράφεις, ῥύπασμα τοῦ βροτῶν γένους·
ἠρνησάμην δὲ τοὺς σοφοὺς τοῦ νῦν βίου,
ὡς οὐκ ἔχοντας εὔθετον τόπον, τάλαν·
οὐδ' αὖ τὸ σεμνὸν προσφυῶς κεκτημένους,
οὐδ' αὖ τὸ πιστὸν καὶ κατεστηριγμένον,

12.2 cf. Eur. Andr. 234 τί σεμνομυθεῖς κἀς ἀγῶν' ἔρχῃ λόγων, / ὡς δὴ σὺ σώφρων, τἀμὰ δ' οὐχὶ σώφρονα;

12.4 μόνον U^a.c.^: μόνου U^p.c.^: μόνους Matranga **13** Εἶτα Ῥόδιος U^mg.^ **13.7** τρόπον U: corr. De Stefani (cf. Scopt. **10.4** μὴ διδοὺς σοφοῖς τόπον). εὔθετος τόπος pluries invenitur

οὐδ' αὖ παθῶν ἔχοντας ἢ θυμοῦ κράτος,
σπουδὴν ὁρῶν μάλιστα τῶν παλαιτέρων,
καὶ τὴν φρόνησιν καὶ τρόπους ἐλευθέρους,
καὶ τὸ πρὸς αὐτὴν τὴν ἀλήθειαν σέβας·
σκοπῶν τὰ νῦν δὲ τὴν σοφῶν μοχθηρίαν,
καὶ τὸν πανοῦργον καὶ φιλάργυρον τρόπον,
καὶ τὸν σκοτεινὸν καὶ βαραθρώδη βίον,
ὧν εἶπον, εἶπον τὸν λόγον χωρὶς φθόνου·
μή σοι καλὸν γένοιτο, Παφλαγὼν φάγε,
μηδ' ἂν Θεοῦ πρόσωπον εὐμενὲς βλέψοις,
ἵν' εἰς θύρετρα τῶν σοφῶν σταίης ὅλως,
ἢ σοῦ γραφείη κλῆσις ἐν Μουσῶν στέγαις,
ἀλλ' εἰς τὰ πορνῶν καὶ χαμαιτύπων τέγη·
ἐν οἷς παθαίνῃ καὶ σπαθᾷς τῷ βορβόρῳ,
καὶ τῇ κυλίστρᾳ τῶν κακῶν ῥυπασμάτων,
πάσχων, γύνανδρε, τὴν κακόσχολον πάθην·
καὶ τῶν Σοδόμων καὶ Γομόρρας ὀργίων,
τελῶν τὸ μύσος φρικτὸν ἀρρητουργίας,
ἐν ταῖς χαμεύναις τῶν ἀθέσμων μαχλάδων,
ἐν τοῖς Κυβέλης ὀργίοις τε καὶ πλάναις,
ὅπου τὸ Γάλλων ἐκμελὲς στίφος πέλει,
καὶ τῶν γυνάνδρων ἡ κακὴ συμμωρία·
ἔχεις τὸ λοιπόν, χοιροπαφλαγὼν πλάνε,
τῶν σῶν καμάτων καὶ πόνων καὶ γραμμάτων
πικρὸν παρεμπόρευμα καὶ μισθὸν τάδε.

14
ὁ Παφλαγών

Κακῶς τὸ ῥηθὲν ἢ πονηθέν σοι μάτην
ἔπος χαράξας, ἀσκόπως τε κἀφρόνως,
μέμφου σεαυτὸν ἢ τὸ πᾶν ἢ τὸ πλέον·
ἐγὼ δ' ἐχεφρόνως τε καὶ καλῶς γράφων,

13.17 ὡς U: corr. Matranga **13.20** θήρετρα U: corr. Sternbach **13.22** nisi praestat χαμαιτυπῶν **13.27** μίσος U, corr. s. l. **13.29** κυβέλλης U: corr. Matranga **13.34** μικρὸν U: correxi (cf. 6.16) **14** ὁ Παφλαγών U[mg.]

εὖ σου κατεστόχησα τῆς ἀγροικίας,
δεικνὺς κακόν σε τῶν ἰάμβων ἐργάτην,
γνωμῶν τ' ἄπειρον, κᾂν μάτην φυσᾷς, ῥόδαξ.

15
Εἶτα Ῥόδιος

Ἄνανδρε γύνι, γραμμάτων πάντῃ ξένε,
ὁ μηδὲν εἰδὼς μὴ λέγειν μήτ' αὖ γράφειν,
μήτ' ἐμπλέκεσθαι πρὸς πάλας σοφῶν λόγων,
ὁ τριττὺν αὐτὴν ἀγνοῶν Στησιχόρου,
πρὸς τὸν σκοπὸν τόξευε, μὴ κενοῦ μάτην
βέλη φαρέτρας κωφά, συντετριμμένα,
μήπως βέλος σε χειρὸς ἄρρενος φθάσαν,
τύψῃ, προπέμπον φρικτὸν εἰς Ἅδου στόμα.

15.4 Apostol. 13.18 L.–S. οὐδὲ τὰ τρία Στησιχόρου γινώσκεις· ἐπὶ τῶν ἀπαιδεύτων
15.5–6 cf. Paul. Sil. AP 5.268.1–2 ἰοδόκην ... / ... ἐξεκένωσεν ὅλην

15.1 πάντων Magnelli **15.5** κένου U: correxi

ORTHOGRAPHICA

2.12 ὁρμάθῳ U: corr. Matranga ‖ **3.4** πλεύνες U: corr. Allacci ‖ **5.5** ὕψοθεν U: corr. Allacci ‖ **6.2** τοῦμου U ‖ **6.18** πειὼν U$^{a.c.}$ ‖ **13.14** τανῦν U

CONIECTURAE VEL MENDA LEONIS ALLACCI IN CODICIBUS VALLICELLIANIS «ALLACCI» XCIV 56.–57., «ALLACCI» CXXX. 2. ET «ALLACCI» CXXXI QUAE IN APPARATU CRITICO NON LAUDANTUR

1 πρὸς τὸν χοιροσφάκτην λέοντα τοῦ ῥοδίου κωνσταντίνου Allacci: κωνσταντίνου τοῦ ῥοδίου πρὸς τὸν χοιροσφάκτην λέοντα Allacci$^{2-3}$ ‖ **1.7** λακεντο- Allacci$^{2-3}$ | -ταυρο- coni. Allacci^{2} mg., in textu habet Allacci^{3} ‖ **1.10** λαρυγγοστο- Allacci^{2} mg., in textu habet Allacci^{3} ‖ **1.17** πρωκτο- Allacci$^{2-3}$ ‖ **1.22** -χορδη- Allacci et Allacci$^{2-3}$ **1.26** -λαθρ- Allacci$^{2-3}$, -σφόρε Allacci et Allacci$^{2-3}$ ‖ **1.32** τέκνων τ' coni. Allacci$^{2-3}$ **1.33** φθορεὺς Allacci et Allacci$^{2-3}$ ‖ **2.4** κῳμωδίας Allacci, κομωδίας Allacci$^{2-3}$ **2.10** ἒν ἀγύρταις Allacci$^{2-3}$ ‖ **2.11** -θρέπτοισιν Allacci et Allacci$^{2-3}$ ‖ **2.15** χειρο- Allacci et Allacci$^{2-3}$ ‖ **2.17** -σαβριδ- Allacci et Allacci$^{2-3}$ ‖ **2.22** -ταρυχ- Allacci et Allacci$^{2-3}$ ‖ **2.24** ναρκο- Allacci et Allacci$^{2-3}$ | -λοπο- Allacci$^{2-3}$ ‖ **2.26** συρφατὸς Allacci$^{2-3}$ ‖ **2.28** βυρσοδεψωπαφλαγὼν Allacci et Allacci$^{2-3}$ ‖ **2.32** ἄκου Allacci^{2} **2.35** ἐξόγκωσιν Allacci et Allacci^{2} (non autem Allacci^{3}) ‖ **2.39** ἵπου Allacci et Allacci$^{2-3}$ ‖ **tit.** τοῦ αὐτοῦ pro Κωνσταντίνου Ῥοδίου Allacci et Allacci$^{2-3}$ ‖ **3.3** γάρ που Allacci$^{2-3}$ ‖ **4.1** ἅπαντες Allacci et Allacci$^{2-3}$ ‖ **5.3** παθλιωτάτου Allacci **5.7** σκωπτικοῖς Allacci$^{2-3}$ ‖ **5.17** πολυφθόρους Allacci et Allacci$^{2-3}$ ‖ **6.4** δακτίλῳ Allacci^{2} (non vero Allacci^{3}) ‖ **6.10** ἄριστε Allacci$^{2-3}$ ‖ **6.21** εὕδοντ' Allacci et Allacci$^{2-3}$ | τὸν om. Allacci et Allacci$^{2-3}$ ‖ **6.22** ἐμβάλειν Allacci et Allacci$^{2-3}$ **7** ἔπειτ' ἀπεκρίθη Allacci et Allacci$^{2-3}$ ‖ **9.3** πέλουσιν Allacci^{2} ‖ **9.5** ἁλόντες Allacci et Allacci$^{2-3}$ ‖ **9.6** τάλας Allacci et Allacci$^{2-3}$ ‖ **9.9** ἅπαντα Allacci$^{2-3}$ ‖ **9.10** ὕβριν Allacci et Allacci$^{2-3}$ | τρέπω Allacci^{2} ‖ **12** Θεόδωρος om. Allacci et Allacci$^{2-3}$ **12.3** ἄφρον om. Allacci$^{2-3}$ ‖ **13** ὁ Ῥόδιος Allacci et Allacci$^{2-3}$ ‖ **13.3** πλεύνας Allacci **13.4** οὐκ ἅπαντας Allacci$^{2-3}$ ‖ **13.28** χαμεύναι Allacci^{3} ‖ **13.29** τῆς Κυβέλλης Allacci$^{2-3}$ ‖ **13.30** γάλλον Allacci$^{2-3}$ ‖ **14.4** καὶ om. Allacci$^{2-3}$ ‖ **14.7** ῥόδα Allacci et Allacci$^{2-3}$ ‖ **15.1** Ἄνδρε Allacci et Allacci$^{2-3}$ ‖ **15.4** τριττὴν Allacci et Allacci$^{2-3}$

APPENDICES

EDIDERUNT CLAUDIO DE STEFANI
ET GIOACCHINO STRANO

BREVIATA

agn.	agnovit
ap.	apud
dodec.	dodecasyllabus
ft.	fortasse
mg.	margine
scr.	scripsit
v.d.	vir doctissimus
vv.ll.	variae lectiones

APPENDIX I
(CONSTANTINO RHODIO RECTE TRIB. BERGER). CONFER PRAEFATIONEM, XVI–XVII

Versus laudantur a Cedreno in Historiarum compendio (cf. infra), cuius testes ex parte denuo contulimus. Praeter Cedrenum, hi *fere* codices textum tradunt (cf. Berger 2008, 232 n. 4):

Athous Iviron 286, 161v, (cf. L. Burgmann et al., Repertorium der Handschriften des byzantinischen Rechts I [Forschungen zur byzantinischen Rechtsgeschichte 20], Frankfurt 1995, 35): non vidimus.

Vat. Gr. 889, 160v, s. XV = V (cf. P. Schreiner, Codices Vaticani Graeci. Codices 867–932, Civitate Vaticana 1988, 56). Hunc codicem Romae contulimus.

Vind. phil. Gr. 108, 353r = W (cf. H. Hunger, Katalog der griechischen Handschriften der Österreichischen Nationalbibliothek [Museion, N. F. Reihe 4, Bd. 1], Wien 1961, 216). Duo tantum priores versus continet: contulimus ex imaginibus lucis ope expressis.

Viri doctissimi Allacci apographum: CXXXI f. 314r. Contulimus Romae.

Cedren. 196.20 (326 Tartaglia) ὅτι τὰ λεγόμενα ἑπτὰ θεάματά ἐστι ταῦτα·

Κενὸν φρύαγμα τῶν πάλαι πυραμίδων,
Αἴγυπτος ἅσπερ εἶχε κόμπον ἢ πλάνος,
καὶ πύργος ἄστροις ἐξισούμενος Φάρου·
μέγας κολοσσὸς ὁ θρυλλούμενος Ῥόδου,
καὶ τύμβος ἐξάκουστος ὁ τοῦ Μαυσώλου,
καὶ Κυζίκου φέριστος ἀρραγὴς δόμος·
τῆς Ἀρτέμιδος τῆς Ἐφεσίας δόμος,
τὸν ὅνπερ ἐξήγειρεν Ἀρτεμισία
ἡ Μαυσώλου τάλαινα σύζυγος πάλαι·
καὶ τὸ θέατρον Λυκίας τῆς τῶν Μύρων,
ὅπερ κατεσπάραξεν Ἰσμαὴλ γόνος,
καὶ Ῥουφίνιον ἄλσος ἐν τῷ Περγάμῳ,
οὗπερ τὸ κάλλος πᾶσαν ἔδραμε χθόνα.

1 Plut. Aem. Paul. 27.5 κενὸν φρύαγμα **12** Anon. AP 9.656.14 Ῥουφίνιον ἄλσος

1 πυραμίδων pars maior codd. Cedreni (z Co S P-P) atque V W: πυραμίδες codd. H N Cedreni (e coniect.? vide Tartaglia, 57) et subinde Cougny Anth. App. II 352.2 **4** θρυλούμενος possis metri causa, quamquam non opus est, cf. Lauxtermann 2019, 278–9. Ceterum utitur Constantinus semper θρυλλ- (Ss. App. 40, 649, 662) Hos versus haec fere sententia sequebatur: οὐδέν ποτ' ἦτε πρὸς πόλιν Κωνσταντίνου

orthographica et errores singulares: **1** καινὸν V W **2** ὅσπερ | καὶ πλάνοις W **8** ἀρτεμησία V **9** σύζυγος τάλαινα V

Conferre possis Nic. Mesarit. Ss. App. 6.1 τί μοι πρὸς τὸ τοῦ νεῶ (= scil. Ss. App.) ὕψος τουτὶ καὶ τὸ πύργωμα ὁ Χαλάνης ἐκεῖνος πύργος ἢ αἱ παρ' Αἰγυπτίοις ἄσκιοι πυραμίδες;

APPENDIX II.
CONFER PRAEFATIONEM, XVI–XVII

Aliquot versus e Cedreni verbis depromptos finximus ludendo: ignoscant severiores. qui vero sine ullo dubio Constantino tribuendi sunt, cursivis exarati sunt litteris.

1) Lausi palatium

Cedren. 344.6 (557 Tartaglia) ὅτι ἐν τοῖς Λαύσου ἦσαν οἰκήματα παμποίκιλα καὶ ξενοδοχεῖά τινα, ὅπου ἡ Φιλόξενος ἐχορήγει τὸ ὕδωρ, ἔνθεν ἔσχε καὶ τὴν κλῆσιν. ἵστατο δὲ καὶ τὸ ἄγαλμα τῆς Λινδίας Ἀθηνᾶς τετράπηχυ ἐκ λίθου σμαράγδου, ἔργον Σκύλλιδος καὶ Διποίνου τῶν ἀγαλματουργῶν, ὅπερ ποτὲ δῶρον ἔπεμψε Σέσωστρις, ὁ Αἰγύπτου τύραννος, Κλεοβούλῳ, τῷ Λινδίῳ τυράννῳ· καὶ ἡ Κνιδία Ἀφροδίτη ἐκ λίθου Παρίας λευκῆς, γυμνή, μόνην τὴν αἰδῶ τῇ χειρὶ περιστέλλουσα, ἔργον τοῦ Κνιδίου Πραξιτέλους· καὶ ἡ Σαμία Ἥρα, ἔργον Λυσίππου καὶ Βουπάλου τοῦ Χίου· καὶ Ἔρως τόξον ἔχων, πτερωτός, Μυνδόθεν ἀφιγμένος· καὶ ὁ Φειδίου ἐλεφάντινος Ζεύς, ὃν Περικλῆς ἀνέθηκεν εἰς νεὼν Ὀλυμπίων· καὶ τὸ τὸν χρόνον μιμούμενον ἄγαλμα, ἔργον Λυσίππου, ὄπισθεν μὲν φαλακρόν, ἔμπροσθεν δὲ κομῶν· καὶ μονοκέρωτες καὶ τίγριδες καὶ γρῦπες καὶ καμηλοπαρδάλεις ταυρελέφας τε καὶ Κένταυρος καὶ Πᾶνες.

ἡ Κνιδία τε Κύπρις ἐκ λευκοῦ λίθου,
γυμνή, χερὶ σκέπουσα τὴν αἰδῶ μόνην,
κάλλιστον ἔργον Κνιδίου Πραξιτέλους·
κ' ἔργον Λυσίππου Βουπάλου τε τοῦ Χίου
Ἥρα Σαμία, Μυνδόθεν τ' ἀφιγμένος
Ἔρως πτερωτός, τόξον ἠδ' ἰοὺς ἔχων·
χὠ Φειδίου Ζεὺς ⟨...⟩
ὅνπερ Περικλῆς εἰς νεὼν Ὀλυμπίων
ἔθηκεν

2) Forum Constantini

Cedren. 344.8 (558 Tartaglia) πρὸς δὲ τὴν ἀνατολὴν ἡ Ἀμφιτρίτη χηλὰς ἔχουσα καρκίνου ἐπὶ τῶν κροτάφων. ἤχθη δὲ καὶ αὐτὴ ἀπὸ Ῥόδου.

πρὸς δ' αὖτ' ἔω σύνεγγυς ἦν Ἀμφιτρίτη,
ἔχουσα χηλὰς ἐν κροτάφοις καρκίνου·
ἤχθη δὲ καὐτὴ πρὸς μακρᾶς νήσου Ῥόδου.

3) Amastrianum

Cedren. 344.13 (558 Tartaglia) ὅτι τὰ Ἀμαστριανοῦ λέγεται εἴτε ἀπό τινος εὐτελοῦς πατρίδα ἔχοντος τὴν Ἄμαστριν, ἐλθόντος τε κατὰ πενίαν ἐν τῇ Πόλει κἀκεῖ τελευτήσαντος, εἴτε ἀπὸ ἐνεργοῦς τοῦ τόπου δυσφημίας – ὅτι πᾶς κακοῦργος καὶ φονεὺς αὐτόθι τιννύει δίκην – κλῆσιν ἔλαχεν αἰσχίστην τῆς Παφλαγόνων ἕνεκεν βδελλυρίας. ἦν δέ ποτε ναὸς μέγιστος αὐτόθι Ἡλίου καὶ Σελήνης, οὗ πρὸς ἄρκτον κίονες στοιχηδὸν εἱστήκεισαν, μέσον δὲ κόλπος οἷα κόγχης εὐγύρου. ὕπερθεν δὲ αὐτῆς Ἥλιος ἐπὶ λευκοῦ ἅρματος, ἡ δ' αὖ Σελήνη νυμφικῶς ἐστεμμένη ἐφ' ἁρμαμάξης ἤγετο. Βύζαντος ἔργα ταῦτα, τοῦ Φειδαλίας ξυνευνέτου. κάτω δὲ πρὸς θέμεθλα δόμου ἐκάθητό τις σκηπτοῦχος ἐπὶ θρόνου καὶ λαοῖς ἐκέλευε τοῖς κρατοῦσιν ὑπείκειν. αὐτοῦ δὲ πρὸς γῆν ἦν βρέτας Διὸς ἐκ λευκοῦ λίθου, ἔργον Φειδίου, ἱζάνον τῷ δοκεῖν ἐπὶ κλίνης.

μέσον δὲ κόλπος οἷα κόγχης εὐγύρου
⟨...⟩
ἡ δ' αὖ Σελήνη νυμφικῶς ἐστεμμένη
ἐφ' ἁρμαμάξης ἤγετο ⟨...⟩
Βύζαντος ἔργα ταῦτα τοῦ Φειδαλίας
ξυνευνέτου...
κάτω δὲ πρὸς θέμεθλα τοῦ λαμπροῦ δόμου
κάθητό τις σκηπτοῦχος ὑψόθεν θρόνου,
λαοῖς ὑπείκειν τοῖς κρατοῦσιν ἐννέπων.
Διὸς δὲ πρὸς γῆν ἦν βρέτας λευκοῦ λίθου

II 1) cf. Nic. Eug. Dros. et Charicl. I 102–103 οἱ δ'ἀνδριάντες ἦσαν ἔργα Φειδίου / καὶ Ζεύξιδος πόνημα καὶ Πραξιτέλους | ἔργον Λυσίππου καὶ Βουπάλου τοῦ Χίου Mango μονοκέρωτες καὶ τίγριδες καὶ γῦπες / ταυρελέφας τε καὶ Κένταυροι καὶ Πᾶνες Mango **II 2)** vel πρὸς δ' ἀντολὴν, quod ap. Const. obvium est dodec. ex χηλὰς ἔχουσα καρκίνου ἐπὶ τῶν κροτάφων agn. Preger | vel ἐς κροτάφους ἡ δ' αὖ Σελήνη– ἤγετο versus agn. Preger **II 3)** τιννύει δίκην ft. exitus versus, cf. Eur. Or. 7 τίνει ταύτην δίκην Βύζαντος–Φειδαλίας vers. agn. Mango, siquidem recte λαοῖς κελεύων τοῖς κρατοῦσιν ὑπείκειν Mango finxit. cf. Soph. El. 396, 1014 et praesertim Babr. 36.14 μὴ δεῖν μάχεσθαι τοῖς κρατοῦσιν ἀλλ' εἴκειν. cf. etiam App. IV 3) v. 4

APPENDIX III. BYZ. EPIGR. AUF STEIN NR. TR53, CONSTANTINO RHODIO TRIB. WULFF. (CONFER PRAEFATIONEM, VII).

Praeter inscriptionem, hi versus tribus quoque codicibus traditi sunt: Vind. hist. Gr. 98 f. 5r (Anon. de monum. Constantinopolitanis, annis 1550–1554 exaratum) = Vind., quem contulimus. Invenitur praeterea in Par. Gr. 1384, f. ?, s. XII et Marc. Gr. XI 32, s. XVI, f. 6r, quos non vidimus

Τὸ τετρ[άπλευρον] θαῦμα τῶν μεταρσίων
χρόνῳ [φθαρὲν νῦν] Κωνσταντῖνος δεσπότης
οὗ Ῥωμ[αν]ὸς παῖς δόξα τῆς σκηπτουχίας
κρεῖττον νε[ο]υργεῖ [τῆς πά]λαι θεωρίας·
ὁ γὰρ κολοσσὸς θ[άμ]βος ἦν ἐν τῇ Ῥόδῳ
καὶ χαλκὸς οὗτος θάμβος ἐστὶν ἐνθάδε.

De verbis inscriptionis passim situ ereptis et a prioribus editoribus (velut Petro Gyllio) lectis vel suppletis, vide sis editionem v.d. Rhoby **3** ad οὗ Ῥωμ[αν]ὸς παῖς vide C. Mango, «AJA» 55, 1951, 52–66

Codicis Vindobonensis vv. ll.: **3** οὗ παῖς Ῥωμανὸς Vind. | δόξης Vind.

APPENDIX IV. EPIGRAMMATA A CONSTANTINO RHODIO COMPOSITA AC SUAPTE MANU IN CODICE PARISINO GRAECO SUPPL. 384 (= P), P. 667, EXARATA

AP 15.15

1)

Κωνσταντῖνος Ἰωάννου ἠδ' Εὐδοκίης με
τέκνον ἔτευξεν ἀγακλυτόν, ὃν Λίνδος μεγάλαυχος
ἤνεγκε προτέρης γενεῆς προφερέστερον ἄνδρα
καὶ πιστὸν θεράποντα σκηπτούχοιο Λέοντος·
ᾧ Ἀλέξανδρος ἀδελφεὸς ἠδ' υἱὸς Κωνσταντῖνος
[σκῆπτρα Βυζαντιάδος συμμεθέπουσι Ῥώμης]
σκῆπτρα θεοστήρικτα συνεξαγέτην βασιλείης.

mg. scr. J lemma illud τοῦ ταπεινοῦ | Κωνσταντῖνου [sic: cf. D'Ambrosi 2011, 20] | τοῦ Ῥοδίου εἰς τὸν | σταυρὸν ὃν ἀνέ-| θετο ἐν τῇ Λίνδῳ | ante v. 6 signum ɔ scr. J (cf. Cameron 1993, 305), fine vero versuum 6 et 7, colophonis signa *~ **6** ad dactylum σκῆπτρα Βυζ- cf. Lauxtermann 2019, 278

AP 15.16

2)

Ἅπαν μὲν ἔργον οὐ πρὸς ἀξίαν πέλει
τὴν σήν, ὑπερθαύμαστε κόσμου δεσπότι·
ἔργων γὰρ ἔξω καὶ φθορᾶς τὸ σὸν κλέος·
τὸ δ' ἔργον, ὃ προσῆξε σοὶ Κωνσταντῖνος,
ἐπάξιον πέφυκεν, εἰ δή, Παρθένε,
τοῦ σοῦ τόκου τὸ σκῆπτρον εὖ διαγράφει
καὶ σαρκὸς αὐτοῦ τὸ τρισόλβιον πάθος.

J: τοῦ αὐτοῦ εἰς τὸν αὐτὸν σταυρόν· ἰαμβικόν· πρὸς τὴν Θεοτόκον **4** προσῆξε σοι P: προσῆξέ σοι Beckby: correximus

AP 15.17

3)
Εἰ ζωγραφεῖν τίς ἤθελέν σε, Παρθένε,
ἄστρων ἐδεῖτο μᾶλλον ἀντὶ χρωμάτων,
ἵν' ἐγράφης φωστῆρσιν ὡς φωτὸς πύλη·
ἀλλ' οὐκ ὑπείκει ταῦτα τοῖς βροτῶν λόγοις·
ἃ δ' οὖν φύσις παρέσχε καὶ γραφῆς νόμος,
τούτοις παρ' ἡμῶν ἱστορῇ τε καὶ γράφῃ.

J: τοῦ αὐτοῦ εἰς τὴν εἰκόνα τῆς Θεοτόκου.

1 accentum voculae τίς servavimus, cf. Praef., LV **3** h. e. ἵνα γραφῇς, nisi potius intelligas ὅπου ἂν ἐγράφης

APPENDIX V. SCRIBAE J (= CONSTANTINI RHODII) VERSUS IN MARGINE CODICIS P ANTHOLOGIAE PALATINAE (CONFER APPENDICEM IV). CONFER PREISENDANZ 1911, COL. CIX

1) Ad Cometae epigramma 15.37, p. 694 (Cameron 1993, 309)

Κομητά, ταῦτα δυσκόμιστα πάντ᾽ ἔπη

2) Ad Cometae epigramma 15.40, p. 705 (Cameron 1993, 310)

Ἄκοσμα ταῦτα τοῦ Κομητᾶ πάντ᾽ ἔπη.
Κομητά, Θερσίτης μεν ἦσθα. πῶς δέ γε
Ἀχιλλέως πρόσωπον εἰσέδυς, τάλαν;
ἄπαγε ταῦτα τῆς ἀμούσου καρδίας
καὶ βάλλε γ᾽ ἐς κόρακας ἢ κύφων᾽ ὕπερ
τὰ κοπρίας γέμοντα σαθρίαν ἔπη.

de duobus textibus agi possit, hoc est v. 1 + vv. 2–6 (ita Magnelli). Nobis de hac re in incerto iudicium est: post ἔπη enim (v. 1, qui margine sup. exaratus est) signum ~ invenitur quidem, quod autem etiam post v. 5 (–✳– ~) et 6 (~ –✳–) exaratum est

2 μὲν sine accent. in P (cf. Lauxtermann 2019, 308–309) **5** βάλλέ γ᾽ P

3) p. 673 codicis Palatini (Cameron 1993, 321)

τεχνικοῖς κανόνεσσιν ἐφεσπόμενος τάδ᾽ ἔγραψα

SERIORUM POETARUM ATQUE PROSAE SCRIPTORUM IMITATIONES VEL LOCI SIMILES PRAETER EOS QUI IN APPARATU PASSIM LAUDANTUR

ECPHRASIS SANCTORUM APOSTOLORUM

22 Jo. Geom. p. 267.17 Cram. ἧς ... κατάρχεις **29** Jo. Geom. p. 266.29 Cram. f. v. ξενοτρόπως **45** (et **155**, **367**, **618**): Jo. Maurop. 10.8 L. καὶ χεῖρας ἐκτείνοντες ὡς πρὸς αἰθέρα (vide De Stefani 2012, 170). cf. etiam Nic. Eug. Dros. et Char. 4.12 Conca καὶ χεῖρας ἐκτείναντες **113** Man. Phil. I 261.1 Miller = 26 Braounou-Pietsch εὐσταλὴς ὁ γεννάδας **117–118** cf. Balsam. 27.3 Horna χρόνος δ' ἀπημαύρωσεν **146** cf. Man. Phil. III 14.91 Miller ἐμβαλὼν τῇ καρδίᾳ **151–2** Jo. Geom. p. 269.6 Cram. παίγιον ... ἀθυρμάτων **212** ft. Jo. Geom. Pant. 758 Sternb. τὸ στερέμνιον δέμας **234–235** cf. e. g. Man. Phil. III 62.89–91 Miller οὐκ εὐθὺς ὑπείληφε ... καὶ ζῆν τὰ φυτὰ καὶ κλονεῖσθαι τοὺς κλάδους ...; **247** cf. Muzal. 970 Strano ἁπλῶς ἅπαξ ἅπαντες **278–279** cf. Anon. Vit. S. Nic., 1–2 (Mercati, Collectanea Byzantina, I, p. 47) σκῆπτρα διιθύνοντος ... / Κωνσταντίνου **285** cf. Nic. Eug. Dros. et Charicl. 2.281, 3.206, 6.382 Conca ἄκουε λοιπόν, Man. Phil. III 55.42 Miller (e Pisid., cf. ad 285) **310** Jo. Geo. p. 311.16 Cram. στέφανος ἐκ λίθων **315** cf. Nic. Eug. Dros. et Charicl. 2.23 et 3.360 Conca τυχεῖν ... τοῦ ποθουμένου (e Georg. Pis., cf. ad v. 315) **317** Man. Phil. III 74.6 Miller εὐφυῶς ἀποτρέχον **318** Jo. Geom. 316.24 Cram. κἀκεῖθεν ἔνθεν **323** Stilbes Incend. M 2 et 762 τὴν περίκλυτον πόλιν (cum Const. contt. Diethart-Hörandner) **338** Jo. Maurop. 31.51 L. πρὸς ... ὕψος ἐξάραντα **355** cf. Man. Phil. III 196.44 Miller τί τοῦτο καὶ πῶς καὶ πόθεν καὶ πρὸς τίνος **368–371** Jo. Maurop. 4.2–3 L. στῆθι μακρὰν ... μήπως καταστράψῃ σε **405** Theod. Prodr. Carm. Hist. 63.12 Hörandner ὥσπερ τις ἄλλος Ἀβραὰμ φανεὶς νέος **464** Jo. Maurop. Eccl. S. Georg., 12 (edd. I. Sakkelion–A.I. Sakkelion) εἰς δόξαν, εἰς καύχημα τῆς σκηπτουχίας (vide De Stefani 2012, 170), Epigr. IT2.9 Rhoby εἰς] δόξαν, εἰς καύχημα τῶν ἀ[νακτόρων **531** Jo. Maurop. 2.26 L. μήτηρ ἄνανδρος (cf. etiam e. g. Ephraem Aen. 741 Lamps. μητράνανδρον παρθένον, nec non et 929, Man. Phil. III 14.333 ἀνάνδρου παρθένου, id. 33.2 et Miller ad loc.) | cf. Man. Phil. 44.84 Martini τοῦ βροτῶν γένους χάριν **540** cf. Man. Phil. III 13.69 Miller νύττεις λέγειν **572** cf. Man. Phil. I 39.12 Miller τετρασυνθέτως **566** et **678** cf. Man. Phil. 2.66 Martini ἀσφαλῶς ἡδρασμένε **580** cf. Man. Phil. I 85.4 Miller σφαῖραν ἡμίτμητον **593** cf. Man. Phil. I 39.2 Miller ἐν πᾶσι τηρῶν τὴν τιμὴν τῆς τετράδος **641–643** Nic. Mesarit. 37.3 ἐξ ὑφασμάτων ποικιλοχρόων ἐνδεδῦσθαι **675–678** Nic. Mesarit. 37.2 τρισὶ μὲν οὖν ⟨...⟩ ζωστῆρσιν ⟨...⟩ σύμπας ὁ νεὼς ἐξ ἐδάφους μέχρι καὶ αὐτῆς κορυφῆς περιέσφικται ⟨...⟩ οὓς καὶ κοσμητὰς καλεῖν σύνηθες **675** Stilbes Incend. M 419–20 ὦ λάινοι χιτῶνες οὐκ ἐκ στημόνων / δόμους ἐπενδύοντες **738** cf. Christ. Mityl. 1.1 De Gr. θαῦμα ... θαύματος ... πέρα (cont. Magnelli) **755** Jo. Maurop. 74.4 L.

ἀρχιστράτηγε τῶν ἄνω στρατευμάτων (vide De Stefani 2012, 170) **823–824** cf. Nic. Mesarit. Ss. App. 16.1–3 πρὸς γῆν καταπεσόντες πρηνεῖς ... πρηνεῖς κατέπεσον ἐπὶ γῆς **826** cf. Muzal. 774 Strano τοῦ θάρσος ἡμῖν ἐμβαλεῖν καλουμένου **832** cf. Anon. Vit. S. Nic., 41 (Mercati, Collectanea Byzantina, I, p. 48) ἐσκίρτα χαίρων ἡδονῆς πεπλησμένος **833** Jo. Maurop. 8.7, 9.15 L. ζωηφόρ- fine versus **834–836** cf. Man. Phil. III 13.111 Miller νεκρὸς ... μυδῶν τετραήμερος **834** Nic. Mesarit. 26.1 et 27.1 τὸν τετραήμερον (Ev. Jo. 11.17 τέσσαρας ἤδη ἡμέρας ἔχοντα ἐν τῷ μνημείῳ, 11.39 τεταρταῖος) **836** Nic. Mesarit. 26.6 διεφθορότος ἤδη σώματος καὶ μυδῶντος **838–839** Jo. Geom. p. 318.19 Cram. κειρίαις ἐσφιγμένος, Jo. Maurop. 5.23 L. κειρίαις ἐσφιγμένος (Ev. Jo. 11.44 δεδεμένος τοὺς πόδας καὶ τὰς χεῖρας κειρίαις), Anon. Vit. S. Nic., 502 (Mercati, Collectanea Byzantina, I, p. 62) κειρίαις ἐσφιγμένους **841** Man. Phil. I 38.3 Miller δορκάδος δίκην **884** cf. Nic. Mesarit. 27.4 τίνες οἱ ταῖν χεροῖν τὰ ῥόπαλα φέροντες (Ev. Jo. 18.3 ὅπλων) **888** cf. ep. ap. Marc. Gr. 524, f. 105v (W. Hörandner, Facettes de la littérature byzantine, Paris 2017, 239) 9.3 σὸς δὲ κλῆρος ἀγχόνη **890** et **895** Nic. Mesarit. 27.4 ὡς ἐπὶ τίνα φονῶντες οὗτοι καὶ ἀπηγριωμένοι ἐξήλθοσαν; **892** Man. Phil. 49.10 Martini στυγνὸν ⟨ὄμμα⟩ **894–895** Jo. Maurop. 53.14 L. οὕτως ἀναιδὴς ἐστι καὶ φόνου πνέει **905–906** cf. Jo. Maurop. 54.24–5 L. ὁμοῦ μὲν ἐπλήρωσεν ἡδονῆς ξένης / ὁμοῦ δὲ λαμπρότητος ἐμπέπληκέ με (De Stefani 2012, 170, n. 63) **922** Jo. Geom. p. 273.12 Cram. λιθώδη καρδίαν (cf. et Balsam. 19.2 et 24.2 Horna καρδίαν λίθινον) **955** cf. Ephraem Aen. Chron. 8279 Lamps. ἕωλα πάντα (cont. Magnelli) **961** Jo. Geom. Pant. 717 Sternb. ὁ τρισάθλιος γέρων **981** Jo. Geom. p. 272.13 Cram. ἡ γῆ δὲ πολλοῖς συσπαραχθεῖσα τρόμοις, p. 273.4 καὶ σπαράσσεται τρόμῳ

CARMINA SCOPTICA

1.16 Psell. Carm. 21.84 West. ὦ πάντα τολμῶν (cont. Magnelli) **1.18** Psell. 21.139 West. ἀρρητοποιέ (cont. Magnelli) **1.21** cf. Anon. FR24.6 Rhoby (cf. Magnelli 2019) μελουργόναβλον κυμβαλολύραν **3** ft. Jo. Geom. p. 326.8–9 Cram. μωροὶ τὰ πολλὰ κἂν σοφοὶ πεφυκέναι / δοκῶσιν, οἱ γῆς Ἑλλάδος πεφυκότες et p. 353.15 οὗτος δὲ λαὸς μωρός, οὐ σοφὸς κρίσιν **8.2** Psell. Carm. 21.286–287 West. Μορμὼ ... / ... τέρας (cont. Magnelli) **6.17** cf. e. g. Theod. Prodr. Carm. Hist. 54.137 Hörandner ὑπὲρ λίθους λάμποντας, ὑπὲρ μαργάρους **15.5–6** cf. Nic. Eug. Dros. et Char. Conca 2.127–128 τὴν γὰρ φαρέτραν τῶν βελῶν πληρουμένην / ... ἐκκενοῖ

INDEX VERBORUM
CARMINUM CONSTANTINI RHODII

Ap.: Descriptio ecclesiae Ss. Apostolorum; Sc.: Scoptica; App.: Appendices; verba emendata asterisco * denotantur. Compositorum themata, quae in Scopticis inveniuntur, ita: «x-» vel «-x-» vel «-x» designabuntur: themata scilicet longiorum compositorum potius quam composita ipsa sesquipedalia in indicem ponere maluimus, exemplum lexicorum Sanscritorum secuti.

INDEX VERBORUM CARMINUM THEODORI PAPHLAGONIS

www.ingramcontent.com/pod-product-compliance
Lightning Source LLC
Chambersburg PA
CBHW060820310726
48980CB00002B/360
9783110742152